貼心待人說話術

晉升人氣王的50個祕訣

さりげない「気のつかい方」が
うまい人50のルール

鹿島柴乃布／著
伊之文／譯

晨星出版

前言

在眾人簇擁下過著更愜意人生的祕訣

你對「體貼」抱著什麼樣的看法呢？

我想應該也有人會認為：「能做到是最好，但這要看個人天生的資質而定。再說，『貼心』並不是工作上必備的首要技能吧？」

不過，「不著痕跡的體貼」不僅能讓別人覺得舒服，對你自己也有很大的益處，**能夠替彼此創造雙贏的局面**。

儘管我現在正在談論「體貼」和接待的話題，但真要說起來，小時候的我對此其實也懵懂無知。

但因為我出生在經商之家，從祖父母和雙親的身上，能看到「體貼」就在我面前生動地上演著。

我的祖父經營一家米店，批發商每天都會運送多達幾十俵的糙米來到店裡。各位知道一俵是幾公斤嗎？答案是重達六十公斤！

由此可知送貨員非常辛苦，一天內得好幾次搬運這麼重的貨物，並且還得要小心地堆放在指定地點。

一般來說，送貨到米店是很大的負荷，很可能會遭人敬而遠之。

然而，不知爲何，當我家米店訂貨時，很多送貨員都會自告奮勇地送貨到我家來，幫了我們很多的忙。

關鍵就在於我家祖母。每當送貨員上門，她總是會說聲：「**一直以來謝謝你們，辛苦了！」並且順勢地送上罐裝咖啡等飲料**。不僅如此，祖母**甚至記得誰愛喝哪個品牌，特地為他準備**。

也就是說，因爲祖母的貼心，有許多送貨員認爲「那家店的老闆娘待我不薄，出於感謝，請務必讓我跑一趟」，率先舉手自願幫忙，協助我家米店。

小時候的我聽到這些事時並沒有放在心上，但隨著年紀增長，我便切身體會到祖母那種「自然而然的貼心」有多麼重要。

若要讓工作、人際關係或人生更加平順，我認爲，唯一的祕訣就是**在人與人之間營造出舒適的氛圍**。

其實，我個人開始意識到「貼心」這回事，是在擔任主持人之後。因爲主持人不但口才要好，細心體貼的程度也是讓活動成功的關鍵。

我追隨在教導我主持的老師及飯店業衆多前輩的身後，仿效他們的做法，逐漸培養起「體貼」的本事，並發現了一件事。

那就是，**唯有「不著痕跡的體貼」才能讓人開心**。

前面提到的我家祖母便是如此。若要讓對方開心，不需要特別提起幹勁，也不必做好萬全準備，更不需要花費大筆金錢。

反過來說，正因為是簡單的一句話和小動作，才不會造成對方的負擔，也能讓他樂意接受。

我從那些技巧中精心選出50個貼心舉動，後續將在本書中一一介紹，例如：

- 在交談時，要特地稱呼對方的名字

- 立刻表達「謝意」
- 鼓起「勇氣」多關心一句，不吝花費「心力」
- 記住「對方喜歡的東西」
- 虛心「向別人求教」
- 找出自己和對方的「共通點」
- 不讓「下次約吃飯」變成場面話……

當我親身實踐這些「小貼心」後，便發覺**身邊的人不斷對我展露笑容，越來越多人成為我的盟友**。

「貼心」並不需要特別的資質或才能，而**是一項能夠後天學習的技能**。

爲對方設想，並且用簡單的一句話或態度來表達關心。大家只要反覆養成這樣的習慣就好，只要有心，任何人都辦得到。

沒錯，**只要掌握到一點小技巧，無論是誰都能當個「貼心的人」**。

我將在書中分享自己過去的經驗，並舉出具體的實例來介紹最自然、最巧妙的貼心舉止。讀了之後，你應該會感到興奮和期待，**迫不及待地想要親自嘗試看看**。

每一個方法都不困難，簡單到馬上就能實踐。

即使只有一個也好，請你務必要從中選出感覺能輕鬆辦到的方法，並且從今天開始實行。

即使只是幾句簡短的話以及貼心的小動作，日積月累下來，別人就會對你大為改觀，你也能成為一個充滿魅力的萬人迷。

鹿島柴乃布

目錄

第1章 「體貼」是先做先贏——要搶先展開行動

第2章 同理別人的「情緒」，巧妙地表達關心
——在別人心中留下「你懂他」的印象

第3章 瞬間和別人心靈相通的「閒聊」祕訣

——如何和別人聊開？

第4章 讀取對方的「表情」，早一步展現體貼

——成功人士都懂的「對話與人類心理」的法則

第5章 贏得別人的「信賴」
——這種情況，就是抓住人心的大好機會

第1章

「體貼」是先做先贏

——要搶先展開行動

1 打招呼「不用看氣氛」

「看氣氛」表面上像是個表現體貼的詞彙，但我想告訴大家的是，若要不著痕跡地表現自己的貼心，**第一步就是「唯有打招呼時不必看氣氛」**。

打招呼的日文寫作「挨拶」（aisatsu），這個詞源自禪修問答，據說「挨」代表「推動」和「進攻」，而「拶」則是「逼近」、「深入」之意。禪師會和門下弟子進行答辯，試探弟子領悟到什麼程度，讓人聯想到卡通裡的一休和尚。這在禪學中稱爲「一挨一拶」，而「挨拶」（打招呼）一詞便是由此而來。

從這樣的背景可知，**打招呼是一個和對方縮短距離的方法，而最先發言的那一方握有主導權**。

簡單來說，只要我們先元氣滿滿地向對方打招呼（以禪修問答來說就是進攻），對方的心情也會跟著好起來，並以相同的語調回應。

相反地，要是你說話粗魯或打招呼時太小聲，對方就會被你的步調影響，很不愉快地回應，或是聲細如蚊地向你搭腔。

打招呼具有讓人打起精神的力量。

除了親朋好友之外，對附近的鄰居、點頭之交、平時畏懼的上司和初次見面的對象，也都要爽朗地向他們打招呼。即使對方正露出灰暗或可怕的表情也不要猶豫，要朝氣十足地打招呼，**用自己的步調影響他們**。

當你們面帶笑容向彼此搭話時，氣氛就會一瞬間變得溫馨。

我出社會後任職的第一家公司裡有一位個性開朗至極的女前輩，但當時我隸屬的部門和職務是協助男性職員，絕對算不上是多光彩明亮的職場。

不過，那位女前輩每天早上進公司時，都會用足以讓人從睡夢中醒來的音量大喊早安，使當下的氣氛突然明亮了起來，就連原本低頭默默做準備的男性上司和前輩也不由得受到影響，開口說了早安。

儘管我的個性相對活潑開朗，還是往往因為太會看場合而被別人的步調或當下的氣氛牽著走。

遇到那位女前輩後讓我心想：「**無論氣氛有多凝重，具有穿透力且開朗的打招呼態度都能瞬間讓它變得輕盈**。我也想要成為那樣的人！」

因為有這種經驗，我在專科學校擔任婚禮科的講師時，曾對要去飯店或婚禮會場實習的學生這麼說：

「一大早去到現場時一定要振奮地說早安，工作結束後也要大聲感謝大家，**音量要大到讓人覺得你很有事！**」

主修婚禮科的學生們主要是在婚宴會場實習，而在婚宴當天準備時的氣氛尤為凝重。

由於他們必須在有限的時間內，靠有限的人力做好萬全準備，因此在會場很難懷著愉快的心情，總是沉浸在特有的緊繃感中。

實習生在這樣的情況下踏進還不熟悉的現場，往往都會被氣氛影響。

因此，**才要用激昂到讓人覺得丟臉的語氣打招呼**。

當我這麼說的時候，學生便會不安地問：「老師，這樣子人家會不會覺得我很奇怪？」

不必擔心！**人在緊張時，就算想讓心情振奮起來也還是有限度**。

即使你的音量大到讓自己很難爲情，也只會給別人留下「你很有朝氣」的印象，所以請儘管大聲地打招呼吧！

此外，**先打招呼的人必勝**。

舉例來說，當你看到認識的人從遠方走來，雖然距離遠到沒辦法向他搭話，但對方肯定也看到自己了——你有沒有這種經驗呢？

這時，**請你別猶豫，先輕輕向對方點個頭，當彼此的距離拉近到某種程度之後，再開口向他問好**。

你可能會想：「明明還有一段距離，對方應該不會注意到我吧？」

沒有這回事。既然對方已經進入你的視野，就表示他應該也看到你了。

不過，雙方往往會因爲尷尬而錯過打招呼的時機。

這時，你要鼓起勇氣主動打招呼，這對別人來說是一種體貼，而且也能讓他對你留下好印象。

順便一提，我建議大家走路時要抬頭挺胸，邊走邊注意周遭情景。

這樣做不但可以從行道樹看出季節變化，也不會因爲低著頭而和昔日友人擦身而過，錯失重逢的機會。

❯❯❯光靠「打招呼」就能扭轉人生。

2 刻意喊「對方的名字」

名字非常重要。我甚至認爲好好稱呼對方的名字**是敬意的象徵，能夠表現出你尊重對方是個獨立的個體**。

因此，我在專科學校任教時，會努力在一個月內記住所有負責班級的新生名字，有什麼事情時就盡量用名字一一地稱呼學生。

即使你要說的是同一件事，稱呼「各位」及稱呼對方的名字，兩者獲得的成效顯然大不相同。即使事情和自己有關，但聽到別人喊「各位」，大多會讓人覺得事不關己。

在團體裡尤其如此，當你喊出對方的名字，對方就會知道你認得他，把他當作獨立個體來看待，進而想要回應你的心意。

我自己曾經在被人叫到名字時嚇了一跳。

那時，我和對方是第二次見面，幾天前才剛把自己的名片遞給他而已，對方就能叫出我的名字並向我問好。「原來他已經記住我了」，光是這樣就讓我相當感謝。

我本來還在擔心，不知道對方願不願意接納我，因此他的那句問候讓我十分開心，彼此彷彿拉近了一點距離。

政治家經常運用「叫名字」這個技巧，**一定會在對話中喊對方的名字**。在討論時，政治家們會說：「○○先生／小姐說得對，我和○○先生／小姐意見相同。」即使是陳述反對意見時，他們也會說：「○○先生／小姐，對於你的意見，我也不是無法理解，但我反對。」

你可能會懷疑這個小技巧沒什麼用處，但人只要聽到別人喊自己的名字，自然就會對那個人產生好感。

稱呼名字就是代表著「我尊重你」。

此外，有些輩分高的人比較頑固，如果不確定別人是不是在向自己打招呼就不會回應。

在這種情況下，別只是說「您辛苦了」，而是要加上對方的名字，明確地說：

「○○部長，您辛苦了！」

當對方態度強硬時，我們就要放下身段，彈性地應變。

與其說這是在討別人歡心，不如說是在向他表達敬意。懷著尊重的心，在打招呼時喊對方的名字，這樣一定能讓他對你產生親近感。

>>>自然地表達對別人的尊重。

3

「我幫你搬」勝過「要不要我幫你搬？」

我原本就不是個伶俐的人，很多事情都是從事主持工作之後才開始慢慢培養。我的工作地點在飯店和婚宴會館，這讓我從一流的飯店人員和婚禮業界的前輩身上學到很多。

機伶服務員的共通點是**「不等人開口就行動」**，亦即事先預測顧客的需求，**「不讓顧客開口」**。

在飯店裡，會由住宿部門的行李員把房客的行李搬到客房，因此，當我們抵達飯店時什麼都不用交代，門房或行李員隨即就會過來搬運行李。

這些事說穿了就是他們的工作，某方面來說是理所當然，但那些讓你佩服的飯店人員從平時就培養著這些技能。

舉例來說，**若飯店後台有人正在大量搬運重物時，就會有人馬上出手相助**。

另外，即使在私人場合看到女性搬著重物，他們也一定會很自然地過去幫忙。

這種小貼心並非一朝一夕就能學會，若你要說這是飯店人員的習性，那也不過是如此罷了，但我認為那些行動都是有心才能做得到。

當我還是個初出茅廬的主持人時曾發生過一件事，和我所屬經紀公司的某位女主管有關。

事情就發生在她想把我介紹給大家認識，親自帶我前往首次上場的飯店時。

女主管邊走邊熱心地為我介紹會場和工作內容，但就在我們走近後台時，她突然跑了起來。

她跑向正在出入飯店的業者，對他說了一句「我來幫你」，同時和對方一起搬運他手上的大型紙箱，而且還搶先在業者伸手前就替他打開了門。

不僅令我大吃一驚，就連那位飯店業者也在一時之間大感意外，之後才連忙開口致謝：「眞是太感謝了，您幫了大忙！」

這件事對我造成很大的衝擊。

那位主管的身材相當嬌小，而且也非該飯店工作人員，更不用說我當時一心只專注聽她說話，根本沒有看到那位業者的身影。

那位女主管不但行動迅速，在向我仔細說明的同時，目光仍然留意著四面八方，我從這位大前輩身上學到何謂在婚禮業界立足的極致款待。

看到有人在搬東西時，我雖然會覺得他看起來很辛苦，但還是經常會猶豫該不該上前幫忙。

但是，即使不認識對方，只要自己當下有能力幫忙，就應該主動上前搭話。

並且，**上前搭話時不是問：「需要幫忙嗎？」而是要很肯定地說：「我來幫忙！」率先採取行動**，這樣才夠俐落。

近年來，許多媽媽都會推著嬰兒車上下電車，而且往往還會帶著另一個已經可以自己走路的小孩。

當看到那樣的情景時，我都會盡量幫她們搬運嬰兒車，由於上面坐著小小孩，所以當然要萬分小心。

陌生人之間互相幫助的精神曾在過去的日本根深蒂固，但近幾年或許是治安問題的影響，這種互助精神逐漸變得淡薄。我希望人們能夠互相體貼，營造一個溫暖的社會。願每個人小小的舉動，都能讓世間變得更有人情味。

»»「主動出擊」就是這麼回事。

4 「馬上起立」具有相當大的成效！

人與人相處時，有一個動作比想像中更難做到，那就是「迅速起立」。

當你去拜訪生意上的客戶，在會客室等待對方前來時，**你能在對方現身時馬上起立嗎？**

雖然應該不至於在起立時發出「嘿咻」的感嘆，但你起立時是不是常常慢了半拍，甚至錯過了起立的時機呢？

我是個動作遲鈍的人，若要和人見面時就會特別注意，做好馬上就能起立的準備。

會客室的椅子大多是沙發，人們往往忍不住悠悠地坐上去，但**我會盡量坐淺一點，為的就是要能迅速起立**。

如果不是從小就受過嚴格的家教和訓練，要隨時做出優雅的動作是極爲困難的。我建議大家以日本或英國皇室為範本，參考他們的舉手投足，他們的動作比起常人俐落許多，對吧？

即使你的舉手投足離皇室的水準相距甚遠，但**只要你有心留意就能慢慢改善**。

我從以前就會駝背，姿勢絕對稱不上好看，但當我從事主持工作時，經常有人說我的身形看起來比平常高大，又或是整個人的氛圍都不一樣了，這與其說是心態的切換，不如說是我啓動了身為主持人的開關。儘管我覺得從平時就要注意姿勢，但還是不容易辦到。

從前人家常說女生「一白遮三醜」，近年來似乎也有「男生一高遮三醜」的說法，但我認為無論性別，良好的姿勢都能遮三醜。

以前，在我們經紀公司**有個傳說中的主持人，她光是站著，就會有人指定要她主持**。

當時，那位主持人預計要和客戶開會討論事宜，在某會場的一角等待時間到來。此時，另一對即將要結婚的新人，僅是看到那位主持人的身影，沒有和她交談、甚至也沒有聽過她的聲音，就突然向該會場的負責人提出「**請務必讓她主持我們的婚禮**」的要求。

負責人也很意外，於是反問他們是不是以前就認識那位女主持人，或是曾經和她對話過。

結果，那對新人回答：「因爲她的站姿好美！而且，儘管她很低調，但她對每一個人都面帶微笑地打招呼，那模樣實在太棒了！」

「雖然沒聽過她的聲音，但她一定能主持得很好！」

那對新人並沒有看走眼。**實際上，那位女主持人不管在哪個會場都是當紅炸子雞。**

我從她身上學到**舉手投足的重要性，我也認為人的心態均會外顯在行為上。**

內心端正，姿勢也會端正；若姿勢端正，內心也會跟著端正。

話題回到「馬上起立」這件事。

如同先前所述，當你坐在椅子上等待時，若能在對方現身時就迅速站起來打招呼，你給對方的印象就會大不相同。

如果讓別人看到你動作慢吞吞的樣子，對方也許會因此認定你是個不機伶的人。爲了改善自己在別人心目中的印象，一定要迅速採取行動。

留心自己舉止，也就是在顧慮別人，不是嗎？

≫一察覺就馬上行動。

5 記住，道謝要打鐵趁熱

無論工作上或私生活，和人來往時馬上採取行動是很重要的，**快速的反應最能幫助你博得信賴**，而這也是待人的一種體貼。

舉例來說，當你傳簡訊、LINE訊息或寫實體信件給別人時，你會不會在意對方是否已經讀取了呢？

除此之外，你還會在意對方看了自己寄出的信件或訊息之後會有什麼感想，正因爲人有這樣的心理，才出現了「已讀不回」這個詞彙。

無論是誰，**都希望對方能夠儘快回覆自己傳送過去的訊息**。

站在對方的立場來想，**我們若能越快回覆越好**。一想到太慢回覆會讓對方產生不必要的擔憂或不安，就能明白儘快回覆是種對別人的體貼。

當你要表達謝意時也是同樣的道理。

和別人一起共事、參加同一場研討會或會議、承蒙別人請客或收到禮物……諸如此類，人與人來往時就是有這麼多場合需要道謝。那麼，你有沒有馬上表達謝意呢？

無論你和對方有多親近，假如不用言語說出來就無法傳達心意，尤其謝意更是要說出來才傳達得出去。即使羞於啓齒或是稀鬆平常的小事，也都不要怕麻煩。

擅於博取好感的人和能幹的人總是很重視道謝這件事，而且**很快就會表達謝意**。

我曾在一回到家時，就收到工作上初次見面的人傳來的道謝簡訊，當時就心想**對方真是個無微不至的人**，而實際上他們在執行工作時也相當確實。

若我在隔天早上收到前一天聚餐對象傳來的道謝訊息，就會**想要再邀對方一起吃飯和見面**。這類型的人無論在什麼場合都彬彬有禮，絕對不會讓別人感到不愉快。

馬上道謝這件事其實沒有那麼困難，但如果把它想得太棘手，人往往就會敷衍了事。

尤其當對方輩分較高時，人就會想著絕對不能失禮，開始顧慮東顧慮西。傳簡訊或寫電子郵件應該比傳ＬＩＮＥ好吧？不，還是寫實體信件才夠禮數吧？那開頭該怎麼寫啊？……當你在思考這些細節時，兩、三天轉眼間就過去了。

如果能夠快速寫好實體信件，並且在當天寄出那是最好，但在如今這個追求速度的時代，與其煩惱糾結，不如傳簡訊或寫電子郵件就夠了。如果彼此互加了ＬＩＮＥ好友，傳ＬＩＮＥ訊息也完全沒問題。

最該避免的是不採取任何行動也不傳訊息。當對方和你一起達成某項豐功偉業之後，他心中會有成就感和一體感；同桌用餐之後，一同度過美好時光的喜悅會占據他的內心，而且餘韻多半會延續到隔天。

此刻，若對方即時收到你的訊息，他就會因為你也抱持相同感受而感到安心，對你留下深刻印象。

如此一來，他就會想要再和你一起合作、用餐或想要再見到你，能夠縮短彼此的距離，並建立互信關係。

然而，這種心情昂揚的狀態不會持續那麼久。

要是你越晚道謝，你在對方心裡的印象就越薄弱，也就是說，**打鐵趁熱是道謝的關鍵**。

再來，讓我們稍微想一下道謝的內容。以聚餐爲例，你可以說：「您推薦的鮮蝦焗烤飯眞是人間美味！」如果是感謝對方送禮，可以說：「您送的番茄非常新鮮，淋上橄欖油很好吃！」**若謝辭內容寫得很具體，你的心意就更能傳達出去**。對請你吃飯、送你禮物的人來說，就會覺得這麼做很是值得。

讓對方感受到好心情是一種體貼，更重要的是，這是爲了自己，也是建立良好人際關係的基本條件。

不過，在思考要透過什麼工具聯絡時，即使已經善用了電子郵件、簡訊和LINE，但實體信件還是最有魅力，我希望這種聯繫方式能夠傳承下去。

除此之外，對我個人來說，在居家防疫期間，最讓我刮目相看的聯絡工具是電話，**在無法與人接觸的情況下，能夠聽到親朋好友的聲音實在令人開心。**

多說一句貼心話能聯繫起彼此的心。

6 「鄭重過頭的道謝」反而剛剛好

我前面提過「道謝要趁早」，並且**道謝是不管幾次都不嫌多的**。**向人道謝這件事也不用怕會過於鄭重**。

當你在工作上受人關照、被人請客、或是收到禮物時，你除了傳訊息或打電話表達謝意之外，在下次見到對方時，你會不會再次感謝他呢？

儘管已經透過簡訊或電話表達謝意，但其實我們還是應該當面再表達一次感謝才是。

能在下次見面時馬上說出「上次眞的很感謝您」的人，不光能博得好感，對方也會感受到你的眞心誠意。

心存感謝至關重要。不知爲何，人總會覺得自己是一個人生活，往往忘記別人對自己的照顧和付出。若時常惦記著自己是依靠別人的支持才能好好過日子，很自然地就能開口說謝謝。

我的記憶力不太好，**要和別人見面之前，我會事先複習**上次見面時與那之後發生的事，以免失禮（笑）。

而且，如果上次與這次見面期間曾承蒙對方關照，我總是會在見面時立馬表達謝意。

有些人會回答：「咦？有這回事嗎？」畢竟經過一段時間，對方可能會忘記，但這樣也無妨，就讓我們主動提起他對我們的照顧吧！（笑）

告訴對方我們有多麼感謝他，**他就會願意在下次我們有需要時出手幫忙**。

如果是我，就會這樣想。

不忘心存感謝、一有機會就表達謝意的人會受到眾人的疼愛和照顧，並且獲得信賴。

》》「第二次道謝」讓你比別人出眾。

7

率先釋出「善意」，對方也會以「善意」回報

我在專科學校任職時，每年都會在第一堂的導師時間對學生說：

「我最喜歡你們這些學生了！因為我非常喜歡這間學校，而各位也都是認同本校才前來就讀，也就是說我們擁有共同的價值觀。因為你們選擇了這間我喜歡的學校，所以我非常喜歡各位！」

突然說出「最喜歡你們了」這種話，有些學生一時之間會感到退卻，但當我說出「我們的價值觀相同」時，大家就會很神奇地接受，自然而然對我敞開心扉。

如果你對某人有好感，就要直接向他傳達，靠心電感應是行不通的。

「他心裡究竟是怎麼想的呢？」與其彼此之間互相探究對方的心思，不如由我方主動釋出善意，這樣就能一下子縮短雙方的距離。

祕訣在於要自己主動表達，不要等對方開口，重點仍然是由我方率先出擊，這樣才是體貼。

那麼，具體而言，該如何對人表達善意呢？

當對象是長輩或上司時，你可以說：

- **「我很尊敬您！」**
- **「我會努力成為像您這樣的人！」**
- **「我能做出成果，都是托您的福！」**

若對象是同事，你可以說：

- **「你很熱心學習，讓我很佩服，我也要向你看齊！」**
- **「謝謝你平時的幫忙！」**

假如對象是朋友，你可以這樣說：

- **「你的樂天拯救了我。」**

• **「你的笑容最棒了！」**

面對晚輩和部下時，你可以說：

• **「你工作速度真快，幫了大忙！」**

• **「我看到你這麼有幹勁，精神也跟著來了！」**

盡量具體地描述對方的優點，他才能接收到你的善意，如果不用言語表達，無論你多麼欣賞他，對方都無法精準體會。

很多時候，只因爲我們沒有多說一句，便導致人與人之間產生誤會而錯過彼此。若對方以爲你不太喜歡他，他就會緊閉心門。

假如對象是你的上司，你就會錯過被賦予重責大任的好機會；若對方是你的下屬，他對你就不會那麼忠誠。

此外，即使對方一開始並不喜歡你，但若你主動釋出善意，**他很有可能因此改變對你的態度和看法**。

無論你喜不喜歡對方，你都要試著向對方表達善意，即使他沒有反應，你也要持續傳達。如此一來，你們就能漸漸拉近距離，對方也會願意對你敞開心門。

要重視眼前的人。

8
要鼓起「勇氣」多關心一句，不吝花費「心力」

在我任職於專科學校時，總是很積極地向學生們搭話。

我負責指導的學生主要是以踏入婚禮業界爲目標的女孩子，年紀在18到20歲左右，多愁善感的她們還沒有完全長大成人，每天都會展露出不同的情緒，而我總是努力不錯過她們的神情。

大多數的學生每天來上學時都會很有精神地打招呼，但有些學生總看起來無精打采，有些則是一臉跟人有仇的樣子。

這時，我會做好被學生疏遠的心理準備，多問一句：

「你怎麼了？」

「你身體不舒服嗎？」

「發生什麼事了嗎？」

諸如此類，我會主動多關心他們。

大多數情況下，學生會回答「沒什麼」或「只是很睏而已」，不必太擔心；但偶爾也有學生會說「我從昨天就開始發燒」、「我奶奶病得很嚴重」等等。

我主動開口詢問，就能掌握學生的狀態，並且進一步做出適當的回應。

即使學生嘴上說沒事，但其實也有可能發生了什麼事。

如果我讓學生知道自己很關心他，他事後或許會主動來找我商量。如果他認爲我對他老是不聞不問的，自然也就不會想要找我談談。

另外，當婚禮現場的工作人員都是年輕新手時，我會很積極地主動詢問：「你還好嗎？」

若新手們顯得消沉或煩惱，我會用沉穩且溫柔的語氣上前搭話。

假如他們的樣子有點可怕，甚至露出殺氣，我會用有點誇張又調皮的語氣問：

「你～還～好～嗎？」

光是這樣問一句，往往就能讓他們察覺自己亂了陣腳，忍不住和我相視而笑。

要開口關心別人時不必說太多，**只要簡短的一句話就能表達心意**，但若是你一句話都沒有說，對方就完全不會察覺。

此外，**抓準時機也很重要，一旦發覺異樣就不要猶豫，馬上開口詢問**。

你是否曾經後悔地想：「那個時候，我要是多問一句該有多好？」或者，你有沒有遇過鼓起勇氣向人搭話，結果得以順利和對方交流的經驗呢？

當你發現身邊的人和平常不太一樣，或是看起來很難過的時候，就要多說一句體貼的話。

他很可能會因為你的一句話而得救喔！

當你察覺別人換了髮型、服裝或飾品時，就抓準時機向他攀談：「你穿起來眞好看！」、「很適合你！」即使句子只是這麼簡短也就夠了。

你只要發出「我有在關注你喔」的訊號，就能和對方心靈相通。

此外，如果你想和剛認識的人深交，我建議你和他一起吃頓飯，無論是當面聚餐或遠距視訊都可以，邊吃邊聊是一件很棒的事。

這時，建議你不要太退縮，鼓起勇氣主動邀對方一起用餐。

「要是對方拒絕怎麼辦？會不會給他添麻煩？」

若你想太多而錯過大好時機，你們之間的距離便很難拉近，不必擔心太多，對方如果不願意，自然就會婉拒。

就我自己的經驗，**如果你想和對方一起吃飯，他八成也有同樣的想法**。

即使對方剛好空不出時間，短期內沒辦法聚餐，但只要你曾發出邀請，對方就會記住，下次轉而由他主動邀你。

當你邀請別人聚餐時，要注意的是「一定要說到做到」。

經常有人會將「下次一起去喝一杯吧」當作一種社交辭令，結果一次也沒有實現。

承諾了就要做到！這能讓對方更信賴你。

在職場上，大家都知道報告、聯絡和商量的重要性，但其實很多人都沒有做到。

舉例來說，假設上司針對你的簡報給了建議，在準備階段時，你大概會對上司說：「謝謝您，這樣我就能過關了！」但正式做完簡報之後，你還會再次向上司道謝說：「**托您的福，順利結束了**。」嗎？

我年輕時也沒有意識到這件事，直到我開始指導別人之後，才想到：

「對了，上次給了建議之後，不知道後來怎麼樣了？成功了嗎？沒問題吧？」**很在意對方之後的情況**。

這時，若只是抱怨對方沒有道謝，就不夠成熟。

當我感到在意時，就會主動問對方：「那件事後來怎麼樣了？還順利嗎？」

結果，對方回覆：「沒有向您回報，真是抱歉！」

其實他沒有惡意，單純是沒想到而已。

當你察覺、看到或想到，就要主動詢問。

如果你和對方之間有些距離，這麼做應該能夠拉近彼此的關係。

>>> 貼心就從「開口詢問」做起。

9

在期限來臨之前「早一點」交件

你是個懂得守時，能夠遵守期限的人嗎？

對此，我捫心自問，得到的答案是即使已經盡了最大的努力，但還是無法百分之百保證。

然而，若是和婚宴相關的工作，主持人無論如何都不能遲到，所以不管是婚宴當天或事前面談，出門時間我都會提前許多。如此一來，即使碰到颳風下雨或交通誤點也不會感到慌亂，對婚宴主持人來說，遲到是致命傷。

當我接到婚禮或婚宴的主持工作時，必須先取得新人和雙方父母的信賴才好做事。

爲此，守時和遵守期限是必備條件。

近年來，介紹新郎和新娘的工作大多由主持人負責，我會在事前面談時詢問雙方的經歷和戀愛交往的經過，據此製作講稿。

講稿不能出錯，所以我會事先請本人閱讀講稿。

這時，我會告知對方「講稿最晚會在〇日之前送過去」，而這個期限當然一定要遵守，我也會盡量在**期限來臨之前就提早送到**。

以下分享一個實際發生過的例子。

某個會場的婚禮企劃師和客戶約好會在一週內將估價單郵寄過去，但一週過後，卻絲毫不見估價單的影子。

客戶大發雷霆：「你連區區一張估價單都無法如期交付，我怎麼可能在這裡舉辦重要的婚禮！」

該會場原本是客戶的第一選擇，但他們最後決定放棄。

即將舉行婚禮的新人會勘查好幾間飯店或婚宴會館，而婚禮企劃師要請示前來參觀的客戶需求，在最初的階段就製作估價單以供參考。

最近，由於估價大多使用電腦處理，因此當場就能製作出估價單讓客戶攜回，但前述例子發生在有點久以前，再加上若客戶參觀當天正好在趕時間，有時也會過幾天再郵寄過去。

沒能遵守期限是事實，無論有什麼原因，對客戶來說都很難接受，因而導致客戶取消預定也是沒辦法的事。

守時和遵守期限不僅在婚禮業界很重要，在商場上也是一件比貼心更關鍵的事，可說是**贏得客戶信賴所必備的首要條件**。

偶爾會有人說：「我私底下雖然很不守時，但在工作上就不必擔心！」然而，這樣的人還是讓人難以信任。

守時和遵守期限**並非天生的特殊才能，而是只要「多留意」就能夠獲得的「技能」**，任何人都能辦到。

平時就徹底做到守時和遵守期限的人，肯定能贏得每個人的信賴。

》》要能贏得「任何人的信賴」。

10 不讓上司問「那件事怎麼樣了？」

我大學畢業後當了三年的粉領族，有幸遇到很好的上司、前輩和同事，說得明確一點，那是一段很開心的上班時光。

我擔任的是事務職位，不太會被交付責任重大的工作，但視業務內容而定，有時還是會不知該如何是好，因犯下失誤而慌了手腳。

不過，我擁有隨時都可以商量的前輩和同事，即使失敗了也有可靠的上司會幫我扛責任，因此得以安心工作，如今回想起來，覺得自己眞的很幸運。儘管有些遲了，但如今心中仍充滿對當年上司與同事的感謝之情。

我在專科學校的講師工作是正職，也是上班族的一種，作爲組織的一員在職場奮鬥。

除此之外，由於我還接下了必須承擔責任的系主任一職，也學到了如何身為組織的一份子來推動工作。

我曾對學生說過，某種程度的失誤在還年輕時會得到原諒，畢竟年輕人經驗不足，失敗也是沒辦法的事，身邊的人應該也多少預料得到。

但是，爬到某個位置之後就會吃到苦頭，例如要釐清能自己獨立判斷的界線到哪裡？事情嚴重到什麼程度就必須和上司商量？或是必須請哪些人與自己分享資訊？

不過，有一件事我會留意，那就是壞消息要立刻向上級報告，也就是把上司拉進來，讓他和我一起思考。獨自煩惱解決不了問題，再說情況也可能在你一個人默默苦惱時惡化。

不過，我找人商量時會確切提出自己想要的方向，如果你沒有任何想法，而在傷腦筋時一昧地找人商量，只會惹忙碌的上司不開心而已。

此外，找上司商量會占用他一段不短的時間，所以你必須事前敲好時間。

要是你突然跑去上司的辦公桌前，說有事要找他談，但他還沒準備好聽你說，就可能會因而打壞他的心情。

當你要報告的壞消息愈嚴重，就愈須讓上司能夠在良好狀態下聽你報告。

當你犯下失誤，在解釋來龍去脈之前，要儘快將已發生的事實告訴上司。

如此一來，上司就會幫你判斷後續該怎麼做。若情況緊迫，上司大概會要求你當場說明事發經過，但他也有可能會先了解現況，等之後再聽你解釋。

在主持這一行，我除了是一名主持人之外，同時也是主持人經紀公司「仟言流」的社長。

主持是個必須細心留意以免出錯的職業，但遺憾的是我公司旗下的主持人偶爾還是會犯錯。

我最常告誡他們的是：「如果情況有什麼不對勁，即使只是小事也要馬上向我報告。」以及「不知道怎麼辦時就向我報告，負責判斷的人不是你，而是上司。」

這是因爲，**陷入麻煩的當事人往往會無法冷靜判斷**。

人是很脆弱的生物，會習慣把麻煩事往後延，若發生對自己不利的事，就會產生忍不住想要矇混過去的心理。

然而，今日已是個人們無法隱瞞祕密的時代，好比說車禍過程被安裝在車上的行車紀錄器拍了下來，或是壞事透過發達的社群平台瞬間傳開。

無論大小事，只要發生了什麼意外，就要向上司坦承事實，**而這也是在保護你自己。**

有些事要等自己成爲上司或升上主管之後才能領悟。

由於上頭的人不得不在出事時負起責任，因此他們必須確實地掌握情況。

由此可知，**上司會擔心正在執行中的案子進行得如何，想要即時了解。**

那些人們眼中的工作高手，一定不會省略「報告」的動作。

如果上司把專案交給你做，我建議你每過一個階段就向上司報告進度。

這樣做還可以彰顯出自己有好好做事。

最重要的是，**上司只要了解事情經過就會放心。**對上司而言，有個「不知道在想什麼」的下屬最令人不安。

爲此，**你平時就要和上司打好關係，才能在有事時互不隱瞞**。

不過，我們畢竟是人，會有合得來或合不來的問題。

但是，假如下屬不敢對上司坦承，或是上司認爲年輕下屬很難溝通，使得彼此互相牽制，工作就無法順利。這時候，我們還是應該公事公辦。

在這個時代，上司和下屬的階層關係變得不再明顯。

儘管如此，**如果你身為別人的部下，還是要努力在上司開口問之前就先主動報告**。

當你成爲上司之後就會知道，有一定位階的主管手上會忙著處理各種工作，而他們會想要盡量把工作交給不會爲自己帶來負擔的部下。

不讓上司問：「那件事怎麼樣了？」

只要做到這一點，「你」這支股票就會大幅上漲。

》》養成「報告」的習慣讓你出類拔萃。

11

只要「搶先一小步」就能讓人很開心

當我們上飯店或餐廳時，服務人員會俐落地幫忙開門，這是因爲**負責服務的一方會預測顧客的下一步，並搶先行動**。

如果你在日常生活中能夠不著痕跡地做到這些事，別人就會感受到你的貼心。

歐美國家有「女士優先」的觀念，似乎都是由男性負責開門，而我認爲這也是源自對別人的體貼之意。

女性請男性陪同參加派對時，由男性負責開門比較自然，但**無論你是男是女，若能在職場或日常生活中稍微費心地幫別人開門，難道不是一件好事嗎？**

在接待禮節中，當房門是從外側向房內打開時，**接待人員會在幫忙開門的同時先進入房間，並在抵著門的狀態下引領客人進門**。

若房門是由房內向外開，**接待人員開門後要抵著門，讓客人先進入房間**。雖然做法視情況而有不同，但這樣的動作看起來的確很優雅。

有些人不會留意這些小細節，但**那些散發出舒服和優雅氛圍，或是讓人感覺很有品味的人，都會很自然地做到這些事**。

別只想著自己，事先顧慮到他人，預測對方的下一步，並且爲他付出行動。這個貼心的舉動能讓別人覺得你游刃有餘，請你務必要實踐。

»俐落的動作讓你成為有品味的人。

12

搭電梯時，「這樣的舉止才自然」

上一節向大家介紹了開門的技巧，而這一節則是要告訴大家，進出電梯時做出什麼舉止才能令你顯得伶俐。

搭乘電梯時，接待禮節的基本概念如下所述：

進入電梯前，**接待人員要用手擋著電梯門，讓貴賓先進電梯**。不過，也有另外一個觀念認爲當電梯裡沒人時，負責接待的一方要先進入電梯，確認是否安全無虞。無論是哪一種情況，**當接待人員進入電梯後，都要馬上站到操作面板前面**。

至於要出電梯時，則要**讓貴賓先出去**。

這時，**我一定會多說一句「下了電梯之後，請往左手邊前進」來幫忙指引方向，**

以免貴賓出了電梯後不知所措。

我們平常總是未經思索地就使用電梯，但和親朋好友以外的人一起搭乘電梯時，要採取什麼舉止才好呢？要是不實際體驗一下，就很難流暢地做到。即使你並非從事服務業，但和上司或長輩一起行動時，請你一定要實行這些祕訣。**這樣不僅能夠讓你更有格調，還能讓別人對你留下「很機伶」的印象**。

順便一提，似乎有很多人覺得搭電梯時陷入沉默很尷尬。但其實，在搭乘中保持沉默才是正確的禮儀。**當電梯裡有其他人時，什麼都不聊才是基本的禮貌**。

這是因爲電梯是狹小的空間，自己人對話的內容一不小心就會洩漏給外人。此外，人們在搭電梯時也不得不保持近距離，所以我們要特別記住，電梯其實是一個公共空間。

然而，**如果電梯裡沒有外人在，和認識的人聊個一兩句會比較自然**，這時的對話並不需要多麼有趣，只要聊聊天氣這種無傷大雅的話題就可以了。

如果一個人待人接物時的動作很生澀，會讓人覺得有點不穩重或不自然。

相較之下，**若你的舉止很流暢，就能讓人感受到自然不做作的體貼，萌生安心感和信賴感，進而留下好印象**。

若你不只注意自己和眼前的事物，還會觀察四面八方，率先預測到別人的需求並展開行動，一個小小的動作也會造成極大的差異。

即使只是搭電梯而已，有些人能因為一個小動作而博得好感，但有些人卻不然。

>>貼心就是要讓人覺得自然。

第2章

同理別人的「情緒」，巧妙地表達關心

——在別人心中留下「你懂他」的印象

13

「直率地」表現出喜悅才能打動人心

遇到開心的事時，你會坦率地表現出開心的情緒嗎？

比方說考上了志願學校、成功升遷、買到演唱會的票，或是中了樂透等等。

這時，你或許會忍不住開心地大喊：「太好了！」大多數人應該都能夠自然而然地展現出喜悅之情。

那麼，假如有人稱讚你或送你禮物，你會有什麼反應呢？你有沒有表現出喜悅，讓對方也感受到呢？

日本人通常很客套，受到誇獎會說：「哪裡哪裡，沒這回事啦！」在收到禮物時則是會說：「這怎麼好意思！」經常將這些客套詞句掛在嘴邊。

「客套」是思慮周全的表現，算是一種很棒的表達方式。

可是，正因爲稱讚、送禮的對方也是有感情的人，當你受到讚美或收到禮物時，把喜悅之情大大顯露出來也無妨。

如同個性開朗的人總是被人簇擁，**懂得表現喜悅的人也常散發出美妙的氛圍**。

有人送你禮物時，你可以說：「**哇，我一直想要這個東西，好高興喔！**」當你在職場上受人誇獎，你可以說：「**有了你的讚美，我會更努力的！**」藉此自然地向對方表達感謝之意。

如此直接表現出自己的喜悅，就會讓送禮、稱讚你的人們覺得他們那樣做很值得。大方地展現歡欣之情，能夠讓你和對方同享喜孜孜的氛圍。

有些外國人的反應很大，看在日本人眼中相當誇張，但我認爲這是個讓人際關係更加圓融的祕訣。**如此一來，雙方將能夠愉快地對話**。

儘管如此，我在自己的婚禮上切身體會到，要大大表現出開心的情緒其實比想像中更困難。

我的婚禮是外子瞞著我暗中規劃的驚喜。由於我和他都是再婚，原本並沒有打算舉辦婚禮，但外子似乎一直在找機會補辦。就在我們結婚幾年後，他和他的弟子（也是主持人）一起企劃了婚禮。

那一天，我一直以爲外子是基於其他目的而主辦派對。

邀請函是我設計，賓客的座位也是我和外子一起安排，但只有我不知道這項計畫中還策劃了婚禮。

派對進行到一半，我們的婚禮突如其來地開始了。結婚證明書上有所有賓客的簽名，是一場每位賓客都有出手協助的婚禮。

我心中感動至極，但卻因爲事出突然而愣在原地，沒能好好表現出開心的模樣。

外子某位個性率直的朋友在旁邊鼓譟著說：「柴乃布，妳要哭就哭吧！」這句話讓衆人哄堂大笑。假如是好萊塢電影，女主角就會不管衆人的目光而大哭，喊著：「哇！親愛的，我太驚喜了！」並且飛撲到男主角身上。要是我當時能夠更奔放地表現出喜悅感，那個場合的氣氛應該會更熱烈吧？（笑）

「喜悅」這種情感並非要刻意表現，但你若能直截了當地表達，對方就更能接收到你的心情。

既然如此，**你要不要從平時就善用言語表達喜悅，並且稍微表現得誇大一點呢？**

如果你的喜悅能讓身邊的人也沉浸在快樂的氣氛中，那不是很棒嗎？

»表現出喜悅，讓自己和身邊的人都愉快。

14 一句「我懂」就能療癒人心

沒有什麼事物比憤怒的情緒更爲強大。假如某個平時很穩重的人展露出憤怒的情緒，我們看了就會覺得「原來他也是個普通人」而莫名感到安心。

當對方生氣時，無論如何都要先傾聽，並且**同理他**。

對方會表露出情緒是因爲他的內心已經無法消化它，這時便需要有人接住他的情緒。若你和對方的關係很親近，就要**一邊傾聽，一邊用「我懂你的心情」、「怎麼會這樣呢」來同理他**。

當你對他說的內容感到疑惑時，先不要發問或急著給意見，而是等他把所有苦水一吐而盡。

暴怒的情緒不會持續太久，等到對方的怒氣消退到某種程度時，你就要一邊仔細觀察他的表情，一邊說出自己的意見或建議。

這絕對急不得，**你必須好好花時間面對他**。

當你在職場上成爲箭靶時，應對方法也是這樣。

首先，你要默默聽對方說話。

身爲當事人，你應該有很多話想說，但是要先忍耐。當對方越情緒化，保持冷靜對你有利得多，所以要記得沉著地採取行動。

不過，當對方的怒氣消退到某種程度，你還是得提出自己的主張，並且解開誤會，此時要字斟句酌，冷靜地回應。

憤怒的情緒雖然充滿人味，但看在旁人眼中肯定稱不上是多美好的畫面。

在某些情況下，你可能不得不生氣，但我還是希望你盡量不要表現出來。

即使如此，我自己也絕非一個好脾氣的人，經常會感到不耐煩或火冒三丈。

我為了不表現出怒氣而實踐的祕訣是「將嘴角上揚」。光是嘴角上揚，我就會覺得自己彷彿露出了笑容，很不可思議。

儘管嘴角上揚的時間只有一到兩秒，但**只要能藉此製造空檔，我就能將憤怒的話**

語和情緒往肚裡呑。

接著，我還會利用那一、兩秒，絞盡腦汁思考那些讓自己生氣的事爲什麼發生。於是，我就會聯想到許多原因，例如對方對我有什麼誤會，或是因爲正在忙碌中才擺出那種態度。

只要能夠壓抑怒氣就沒什麼好怕的，一定有辦法找到當下最好的應變之道，例如想到要說什麼話來解開對方的誤會，或是因認眞面對也無濟於事，乾脆不予理會等等。

很遺憾地，憤怒是一種負面情緒，是不應該發洩在別人身上的負能量。

我們總會希望自己在有了年紀之後能很有技巧地掌控情緒，既然你的心中蘊藏著能量，不如趁此機會將它轉換成正能量吧。

❯❯❯先「同理」正在生氣的人。

15

該如何撫慰別人的悲傷？

當別人正沉浸在悲傷中時，要對他說幾句安慰的話是很不簡單的，畢竟每個人的想法和價值觀都不一樣，要理解別人的感受本來就難如登天。

但是，我希望你至少在親朋好友難過時，向他們傳達「我很擔心你」的心情。

這時候，你首先要站在那個人的角度換位思考，並且將想像力發揮到極致。

舉例來說，當他身邊的人不幸過世，他的心情也會因爲往生者是他的父母、兄弟姊妹或子女，是意外身亡或病逝等死因而有不同。

在喪禮上，不要說多餘的話，只要一句簡短的「**請節哀順變**」、「**請別太難過失意**」即可。

但是，如果你和對方很熟，總會想要再深入關心一些，對他說些什麼。依據狀況向對方表達由衷的關心，即使只是一點點，都可能成爲他的救贖。

然而，我們也會遇到不知道該說些什麼的情況。

要特別注意的是安慰話語的使用，人在悲傷時無論聽到什麼話，往往都會以悲觀的方式解讀。一句輕率的話不僅無法打動人心，甚至還會讓他心生厭惡。

當你找不到適當的話語，或是難以用言語傳達時，只要陪伴在對方身邊就好。與其用沒有誠意的話鼓勵他，陪伴更能傳達自己的心意。

家母在我三十歲時過世，我至今還清楚記得那些急忙趕來關心我的人。由於事發突然，我那時候完全被悲傷擊倒，但即使並未和那些人對話，只是見到他們，我就覺得受到鼓勵而湧現力量。

從此，我不僅會在喪事時前往慰問，當親朋好友正在歷經磨難時，無論有多麼忙碌，只要情況允許我都會趕過去。

近年來，國內各地發生多起災害，儘管我會因爲自己束手無策而坐立難安，但只要親朋好友那邊發生了什麼事，我就會馬上打電話或用ＬＩＮＥ聯絡對方。

有許多人認爲在對方焦頭爛額時聯絡他會造成人家的麻煩，但只要沒有親眼看到狀況，也不主動詢問的話，就幫不上對方的忙。

人通常會把好消息公告周知，但遇到難過的事卻不太會主動說出來。

這原因有很多，例如不想讓別人擔心、不願讓別人看到自己脆弱的一面等等。但你絕不能光是被動等待，若不採取行動，你的心意就傳達不出去，狀況也不會好轉。

假如你從第三者口中得知朋友有難，就不要再猶豫，試著主動聯絡他吧。

此外，如果你和對方熟識到他會親自聯絡你，這就表示對方正在發出求救訊號，你要好好接住，並且盡你所能地提供幫助。

用「溫柔的方式」對待處於逆境的人。

16 光是「傾聽」就能讓人安心

當別人找你商量或徵求意見時，從你有多認眞地面對他，就能看出你的度量。

我不太常找人商量，但面臨人生的轉捩點而必須作出重大決定時，我會向人生的前輩諮詢。

有一次，無論如何都有事想請教一位前輩，但當時她非常忙碌，對我說：「很抱歉！我現在走不開，之後再聽你說。」

畢竟她眞的很忙，這也是沒辦法的事。

她並沒有錯。雖然這麼想很自私，**但在那個當下，我真的好希望她能聽我說**，事態急迫，我也沒有太多的時間等待。

相較之下，有另一位同樣忙碌的前輩特地撥空聽我說，利用下班後的夜晚和早上上班前的時段傳了很長的訊息，爲我提供建議。

我想和這位前輩一輩子繼續來往下去，同時也希望自己在別人來尋求建議時能夠這樣地對待他。

當人會找別人商量時，通常是因爲他很難受，卻遲遲找不到解決方法；或是內心感到不安，無論什麼樣的意見都想聽聽看。

當對方發出求救訊號時，**即使只是一點點也無妨，你要優先挪出時間傾聽**。了解事情的來龍去脈之後，如果你眞的沒有時間，也可以事後再透過電子郵件、簡訊、電話或ＬＩＮＥ來闡述自己的意見或給予建議。

我本身經常接到晚輩的諮詢，但當下無論我有多忙，都會盡量挪出最快能和對方見面商討的時間。

時間是擠出來的。光是自己的事就忙到處理不完的人，無論再過多久都忙不完，如果你眞的很重視對方，無論如何都要在當下立馬聽他訴說。

此外，當你在職場上犯下失誤時，也許有人會隨便地鼓勵你：「沒關係，別在意！」但如果對方眞心爲你好，有時也會說些忠言逆耳的話。常說著好聽話的人不一定會很認眞看待你。從他人口中說出的話語，可以判斷誰才是眞正爲你好、願意眞摯地面對你的人。

日本人認爲言語有「言靈」這種神奇的魔力，對別人說話必須謹愼。我也相信言語具有不可思議的力量。

因此，面對正在煩惱的人，我們要愼重挑選詞句。

沒必要說些很深奧的內容，但也別只會說些好聽話，而是要眞誠以對，含有情意的話語才能打動對方。

»「真摯的言語」會永遠留在對方心裡。

17 在告別之際留下「開心的餘韻」

若考慮到要貼近別人的心情時，告別的時候就顯得相當重要。

有句話說：「結尾好，就一切都好。」**人會對告別時的場面留下深刻印象**，若小看「結尾」，就有可能演變成意料之外的大失態。

以下是個發生在很久以前的故事。

在某間飯店的婚宴會場，服務人員不小心把紅酒潑到賓客的禮服上，儘管服務人員馬上拿溼毛巾過來，但紅酒的汙漬沒有那麼容易就擦掉，由於那套禮服非常昂貴，賓客看起來相當生氣。

經理在聽了服務人員的報告之後，馬上飛奔過來處理，鄭重地向那位賓客道歉：

「我們馬上爲您準備替換的衣服，這套禮服請先交給我們，我們會負起責任，在婚宴結束之前把汙漬除去。」

這番話讓人感覺非常有誠意，賓客也收起了怒火欣然接受。後來，飯店方順利在婚宴結束之前去除汙漬，讓賓客得以換回自己的禮服。

而事情就發生在賓客要離去前，經理再次前去向他道歉之時。

那時候，服務人員站在婚宴會場一角，一臉很擔心的樣子，而經理或許是因爲放下了心中的大石頭，便向出錯的服務人員露出了不應該有的笑容，甚至還比出了ＯＫ的手勢。

很不巧地，**那名賓客剛好在此時回頭，把這段過程看得一清二楚**。

這下可糟了，賓客頓時火冒三丈，怒罵：「沒禮貌也要有個限度！」事情演變成了一發不可收拾的狀況。

由此可知，**我們千萬不能小看告別的時刻**。

簡單來說，就是直到最後都不能大意。

這個故事裡的經理並沒有惡意，應該只是暫且安下心來，不經意間顯露出未經修飾的一面。不過，他該在意的並不是自己的部下，理應自始至終都關心賓客的感受才對。

這個例子或許有點極端，但當你和重要的客戶見面談完生意之後，又或是和親朋好友共度一段愉快時光後，你會在告別時採取什麼行動呢？

和別人見面，當雙方共度一段充實的時光後，彼此的心情都會有些昂揚。即使在道別之後，那種餘韻還是會留在心裡。當我們和親朋好友見完面，互道再見之後，就會各自分道揚鑣。這時，你會不會因爲捨不得和對方分開，忍不住再次回頭看呢？

若是心意相通的摯友在同一時間回頭看向對方，就會覺得「我們果然很有默契」而感到開心。

既然都已經互道再見了，就要在這時分別，但假如你轉頭時發現對方急著回去而消失在人海中，就會不自覺地心想「我們剛才明明那麼開心」而不由得感到空虛。

在商場上和客戶見面時，親眼看著對方離去，直到他的身影消失是基本常識。

若我和對方的關係幾乎對等，雖然不至於目送對方離開，但**會在說聲「我先回去了」之後稍微停留一下再離開**，因爲我想要製造美好的餘韻。

告別時會讓別人留下強烈印象，你要不要也試著在日常生活中稍微留心一下呢？

❯❯❯將美好的餘韻維持到最後一刻。

18

推測「對方沒說出來的」真心話

婚宴主持人通常會在舉行婚宴的二至三週前和新人面談，原則上，這種面對面的商討只有一次，所以主持人要非常專注，用上全副精力來傾聽。

這時，重點在於**要聽出客戶沒說出來的真心話**。

打造一場符合客戶需求的婚宴，就是我們這些主持人的使命。

首先要了解客戶是否有什麼堅持，最重視的事情是什麼。

爲此，我們會努力不錯過客戶的一舉一動，即使只是一句簡短的話也要仔細傾聽。

只要客戶不是那種大而化之且心胸開放的人，原則上沒有人會對初次見面的主持人說出眞心話，客戶會把話藏在心裡，一邊品評眼前的主持人能否信任，一邊緩緩地說出自己的需求。

因此，他們在一開始並不會說出太多事情，即使說出來也不一定是眞心話。要如何聽出客戶的眞意，就要靠專業主持人的功力了。

人之所以不說出內心話，一定有他的原因。

例如還沒有完全打開心門、覺得說出來對方也不會理解，或是不好意思說出口等等。我會把這些記在心上，仔細聆聽客戶之言，好讓對方對我敞開心房。

以前發生過這樣的案例。新郎看似對婚禮毫無興趣，這時主導權多半握在新娘手上，而籌備人員也往往會以新娘的需求爲主。

然而，婚禮是兩個人的事，我身爲主辦方，每次要做決定時，都會等新郎點頭之後再繼續談下去。

沒想到的是，當新娘離席時，新郎就立刻偷偷告訴我：

「我對婚禮沒有什麼特殊要求，但我未婚妻一直都很期待，所以只要她高興就好，**我想讓她開心**。」

這就是新郎的真心話，是很棒的堅持。

從這裡開始，就是主持人展現功力的時候了，我開始幫助新郎，想辦法實現他的願望。

我從新郎口中問出，他正在猶豫要不要遞花束給新娘，於是我就和他一起思考最能讓新娘開心的時機與流程，安排了一段意外的驚喜。

而這個驚喜橋段當然大獲成功！

「我還以爲他把婚禮的事全部丟給我處理，沒想到他竟然精心爲我準備了這樣的驚喜……」

新娘眼眶泛淚，充滿感激地這麼說。

面談時，如果我只顧著和新娘討論，新郎說不定就不會說出他的心聲了。

我們身爲主持人必須營造出讓人暢所欲言的氣氛，**努力去意會對方真正想說的話是什麼**。

這一點在日常生活中也是同理。

我在專科學校和學生相處時，當然會關心那些邊喊著「老師，妳聽我說」、邊湊近過來的學生，但**真要說起來，我更在意那些不太主動開口的孩子們**。

即使我無法聽那些容易和人親近的學生說話，他們也能夠找其他老師好好地商量，一定有辦法解決問題。

相較之下，**那些很少開口的學生大多處於無法找任何人商量的情況**，因此，我會努力營造讓他們也能放心開口的環境，告知學生我很在乎他們，這才終於讓學生對我敞開心門。

和這樣的學生順利溝通後，每當我露出疲倦的神情時，反而是學生會主動問我：「老師，妳是不是太忙了？還好嗎？」

這類型的學生通常很敏銳。

貼近別人的心情，藉此建立了一定的信賴關係後，原本擔心人的那一方，在不知不覺中變成被人擔心的一方。

人啊，眞的是互相扶持呢！

»「推測對方的真心話」是接連增加盟友的祕訣。

19

用對等的「眼光」待人

我在專科學校任教時，總是會很留意用對等的眼光待人。

之所以會體悟到這一點，主因是我成爲專科學校的講師，以指導學生的立場站上了講台。

我的學生雖然懷抱著將來要踏入婚禮業界的夢想，但他們幾乎都是高中畢業後就入學，年紀輕到甚至還沒參加過婚禮。

相較之下，由於我持續在婚禮業界工作，在我看來，學生們有許多舉動都會讓我心想：「難道你們連這麼基本的事都不懂嗎？」

現在回想起來，我當初是把這樣的質疑直接表現出來，用「上對下」的態度對待學生，大概就像「讓我來教教你吧」的感覺。

不用說也猜得到，我和學生之間一直發生摩擦。經過兩、三年之後，我終於習慣了教學工作，很多時候我想教學生，卻反倒變成是我在向他們學習。在反覆嘗試各種教學方法後，我察覺這也有助於讓自己成長，也就在這時，我才終於改變想法：

擺出「上對下」的態度是錯誤的！

學生雖然不懂這一行業，卻充滿了款待對方的精神。在我生日時，他們絞盡腦汁發想，就是為了送一份我會喜歡的生日禮物給我。即使每年教的學生都不相同，但**他們每次送我的禮物不但飽含心意，而且還總是正中紅心，讓我很疑惑：「為什麼他們知道我想要什麼？」**

學生們如此體貼，擁有豐富的感性，這是我比不上他們的地方。

這讓我開始懷抱起必須尊重他們每一個人的心。

每個人都是平等的，認為自己很優秀、很偉大、無所不知是一種自大。謙虛地接受自己的不足，無論對象是長輩、上司、晚輩或部下，只要抱持敬意和他們相處，就能建立彼此間的信賴關係。

說到謙虛，就要提到職業棋士藤井聰太先生，他那令人驚嘆的表現在日本家喻戶曉，但我注意到的是他在對奕後的態度。當對手認輸時，雙方都會對彼此鞠躬，但藤井棋士一定會把頭低得比對手更低，而且絕對不會比對方更早抬頭。

他體現了什麼叫做「**越飽滿的稻穗，頭垂得越低**」。

看在我眼中，越強大的人態度就越謙虛，讓我每次都很佩服，所謂「超一流」的人，就是這點和別人不一樣。

保持謙虛並苦心鑽研。

相信在未來，藤井棋士的字典裡也不存在「上對下」這三個字吧！

此外，擺出高姿態的人往往會在無意中樹敵。

比如說，若上司以高壓態度猛烈針對下屬，部下的內心一定會很受傷，甚至有些人還會因此長時間對上司抱持負面情感，這些想著總有一天要報復的人很可能找到機會就故意扯上司後腿。

當你陷入危機時，就可看出自己平時如何待人。

會不會有人對你伸出援手，取決於你平常累積起來的一舉一動，因此，我們要經常回顧並多多注意自己的言行才是。

內心的想法會表現在言行舉止上。

有句話說：「捨棄小我，銘感他人。」雖然我不知道這句話是誰說的，但希望我們都能做到。

》》「心念」一定會顯露在平時的言行上。

20

把不好聽的負面詞句變正面

俗話說：「話要看說法。」**同一句話用不同的說法，給人的印象就大不相同。**當你想說一句難以啓齒的話時，不妨動動腦想一想吧！

儘管人們在理性上明白那句話有一定的道理，但當聽到不順耳的話語時還是會不爽。既然都是要傳達同一件事，若你能在不讓對方感到不快的情況下表達，人際關係當然會好很多。

另外，我們間或會不小心加入別人的八卦話題，儘管不想說人閒話，但有時又不得不表達意見。這時，**假如你平時就已經學會如何說話才不傷人，就不會失去別人的信賴。**

爲此，我建議大家從平時就多多留意，把負面的話變成正面之言。

假設某人每次在和眾人相約時都會遲到，若群體裡有人說：「某人總是不守時！」你可以若無其事地幫忙說一句：「**他一定很忙吧？**」

當你想說「那個人最愛講別人八卦了」的時候，請把這句話吞下去，改說：「**他消息真是靈通呢！**」

接下來，我就舉出幾個把負面詞彙轉換成正面的具體例子。

・優柔寡斷→**個性溫和，做事謹慎**
・八面玲瓏→**對任何人都面面俱到**
・愛說話→**辯才無礙**
・很會抱怨→**很有主見**
・厚臉皮→**意志堅定**
・愛指揮→**有領導能力**

大家覺得如何呢？正面詞彙來自對一個人的尊重，不但不會讓聽到的人感到不悅，還能加深他對你的信賴，所以請務必要試試看。

此外，人們經常用下列說法來形容時間或年齡：

・只剩一天就截止了→**還有一天才截止**

・我都已經○歲了→**我才○歲，人生才要開始！**

要視爲「只有」或「還有」？要想成「已經」或是「才」？既然都要來人間走一回，抱著正面積極的想法一定會快樂許多。

不知爲何，人只要一說出負面消極的話，就會漸漸變得沮喪，失去活力。

不過，若多說一些正面的話語，快活地過日子，說不定會有好事發生喔！

》》多用正面詞語。

21 電車上令人難忘的助人義舉

要在大眾交通工具上讓座比想像中來得困難。

第一個困難之處是，雖然我們應該讓座給老弱婦孺，但究竟要不要向他們表達讓座的意願呢？

比方說，最近有很多長輩外表看起來比實際年齡年輕許多，也有的人雖然年紀大，但身體還很健康，這讓我經常在猶豫：「如果讓座給他們，是不是反而會很失禮？」

我在專科學校任教時，學生曾告訴我：

「我遇到一個外表看來明顯就是老婆婆的女性，想要讓座給她，卻被她用強硬的語氣拒絕了。在那之後，我就開始猶豫要不要讓座給長輩。如果想要座位的長輩，也能像孕婦身上貼著『好孕貼紙』一樣該有多好？」

原來如此，這個建議很合理，或許是個能讓雙方都不會不愉快的好方法，但現實狀況卻是那種標誌尚未普及，該怎麼辦才好呢？

我能體會十幾歲的學生遭到拒絕後會有的負面感受和受傷的心情，但有了一定年紀之後，我開始認爲**與其事後後悔沒讓座，不如當下馬上行動，即使遭到拒絕也無所謂**。即使眞的遭到拒絕，也不要覺得自己出了糗，而是一笑置之。

此外，讓座時要說「請坐」，並從位置上站起來，如果你只向對方攀談，但屁股還沒離開椅子，對方會覺得不太好意思。或者是，你可以先迅速起立，接著再請對方坐。

讓座時，祕訣就是要爽快俐落！

另外，開口讓座的時機也很難掌握。

我前幾天在搭電車時，途中遇到一位拄著拐杖的年長女性提著大型行李上車，看起來很辛苦。然而，坐在該名女性面前的人正在滑手機，並沒有察覺她的存在。

當時我因爲坐在另一側的座位，而稍微猶豫了一下。

結果，**坐在稍遠處的年輕男子馬上抓緊時機，對年長女性說「請這邊坐」，並且幫她提著大型行李，親自帶她到他先前坐的位置**。

他這一連串的行動相當迅速又俐落，我在反省自己反應太慢的同時，也對那名男子產生了敬意。

在同一班電車上，一定也有好幾個人和我一樣猶豫著要不要讓座，但**那名男子反應最快，他一看到那位年長女性，就隨即採取行動**。馬上付諸行動的人，就只有他一位。

那名男子大概從平時就能夠面面俱到地把小事做好，擁有可以即刻去做的行動力。

「雖然這位先生還年輕，但他一定很能幹，受到旁人的信賴和愛戴。」

想到這裡，我的內心也覺得溫暖起來。

在這個諸事繁忙的社會，我們要是無法從容地留意旁人，一心只想到自己，那會是很冷漠疏離的啊！

要在自己行有餘力時，努力幫助有困難的人。只要大家都有互助的精神，當你有難時，一定也會有人願意幫你。

❯❯❯擁有「互助精神」的人很棒。

第3章

瞬間和別人心靈相通的「閒聊」祕訣

——如何和別人聊開？

22 刻意「裝作不知情」

人總是忍不住想要把自己知道的事告訴別人，想要透過聊天來和對方分享資訊，一起感到驚訝、有趣或是引起共鳴。此外，人或許還想要展露出自己消息很靈通的一面，想要能夠討人開心。

這時，**負責傾聽的一方有件事要留意，亦即不要打斷進行中的話題**，即使你已經知道對方所要說的內容，還是要把話聽完。舉個例子，假設有人很得意且自信滿滿地準備開始說話，你卻劈頭就說：

「啊，我知道！就是○○嘛！」

用這樣一句話來下結論，對方會有什麼感受呢？

你並沒有錯，因爲你只是陳述事實而已，然而，這種小地方就是你該展現貼心的時候。

直到對方的話題告一段落之前，你都要把內容聽完。

當然了，我們不用爲此說謊，所以若對方說的事你已經知道了，就可以穿插幾句「好像是這樣沒錯」、「我也聽說了同一件事」等等。

不過，即便是同一則消息，傳遞方式也會有微妙的不同，你先前聽說的內容可能會受到不同的解讀，所以好好傾聽是很重要的。

此外，當你把話聽到最後，就能滿足對方「想說話」的欲望。

刻意裝作沒聽過，即使只是短短一瞬間也無妨，要顧及並配合對方。這樣的小貼心能讓人感到愉快，也能讓你擁有良好的人際關係。

》》一點小貼心就能讓自己更受人疼愛。

23

向對方傳送「我聽得津津有味」的信號

我先前提過，每個人都有「想要被傾聽」和「想要說話」的欲望，若要讓對方感到愉悅，就要滿足他的欲望，**讓他盡情說個夠**。

對方會提起的話題往往是五花八門的，假如他和你是同一個世代，共通點也多，應該很容易打開話匣子。

那要是換成長輩呢？長輩的人生經驗很豐富，多半也有一定的地位，所以相對來說會比較想要提自己過去的經驗和豐功偉業，有時也會說起當年勇。

這對聆聽的一方來說，大概就像是在自吹自擂。

你能對那種話題提起興趣嗎？

打從一開始就願意虛心聆聽的人說不定比想像中更少，尤其年輕朋友更是如此，會覺得那些話題跟自己無關。你們的心情我很能體會。

但是，這世上有太多我們不懂的事物，如果你願意傾聽人生經驗豐富的長輩說話，也許會聽到讓你恍然大悟的內容喔！

即使長輩說的話對你完全沒有幫助（笑），但若你能用誠摯的態度聆聽，光是這樣對方就會滿足。

簡單來說，**長輩或許會因此喜歡你，進而對你多方照顧**。

聽人說話時，要表現出「我有在聽」的態度，例如不時點頭等等。此外，如果你對對方所說的內容有興趣，不妨多說一句：

「然後呢？後來怎麼了？」

「是喔？眞有趣耶！」

在聊天時穿插這幾句話，對方就會說得很盡興。

我在專科學校時，若在課堂上稍微偏離話題，聊到自己的經驗談，一定會有一、兩個擅長傾聽的學生問：「老師，然後呢？然後呢？」而我也往往因此說上了癮，一個不小心就講太久。

「比起無聊的課程，經驗談還比較有趣，這時就要盡量延長話題！」這大概是學生們的策略，而我完全上當的次數真不知道有多少啊！

不過，我覺得這樣也無妨，既然她們很認真聽，我也會更有幹勁，想要聊些對她們有幫助的內容。

「抱著興趣聽別人說話」具有極大的效果。

另外，聆聽的一方還有一件事要注意：即使對方所說的話和你的想法不同，也絕對不要當場反駁，因爲對方應該不想和你爭論。

若要和長輩建立關係，就要先得到他的認同。得到長輩的認同，建立起一定的信賴關係之後，這時再闡述自己的意見，相信長輩也會願意接受。

同世代的人見了面之後多半很快就會意氣相投；但不同世代的人，走過的路和經歷過的時代大相徑庭，若要和他們建立關係，不要過於著急。

要先學會傾聽，**讓對方多說話**。

》》和不同世代也能聊得來的人很強大。

24 令人開心的稱讚法與無效的稱讚法

「嘴甜」是我們這些主持人的命脈，也總是把它當作座右銘來從事主持工作。

在婚宴或派對上介紹要致詞的人物時，若能俐落地把對方請上台，他便能順利地發表致詞。

此外，婚宴是人生一大盛事，在介紹身為主角的新郎與新娘時，不管是怎麼讚美都不會過頭。

如果主持人用的形容詞和新人的爲人相差甚遠確實是個問題，**但是用比平常更高一等的詞彙反而會剛剛好**，例如用「金頭腦」來介紹成績優秀的新郎，用「大有可爲」來形容他前途在望；或是用「才色兼備」來形容聰慧的新娘，用「明眸皓齒」來稱讚貌美的新娘等等。

原則上，幾乎沒有人會因為受到稱讚而感到不悅。

雖然偶爾會有人討厭聽到場面話或太誇大的用詞，但他們大多是對自己在人前被捧得太高感到抗拒，絕對不是對「稱讚」的行為感到不快。

不過，**我們必須看出一個人「希望受到稱讚」和「被稱讚了會很開心」的地方**，亦即要看準「該稱讚的點」。

若要稱讚別人，果然還是得仔細關心、觀察對方。

近幾年有人提出一個見解，認為若評論異性的髮型或體型，即使用意是稱讚也算是一種騷擾。這的確要特別注意，也是個有點敏感的問題，而我認為重點在於雙方是否已經建立起信賴關係。

若雙方平時就保持交流，稱讚的話語將會直達對方心底。

在尋找別人的優點時，除了外表和容貌之外，還可以**觀察他的為人和工作態度**。

如果你發現有人私下默默地收拾打掃，或是在上司開口之前就先準備好簡單易懂的資料，對於這麼努力的人，你要在發覺時就馬上稱讚他。

千萬不要錯過稱讚的時機，**最好在發覺的那一刻馬上用言語表達**，這樣做最有效果。

我在專科學校時，有學生堂而皇之地說：

「老師，妳快點稱讚我啦！我是要人稱讚才會進步的人！」

我非常了解那位學生的心情，因爲我也是在父母稱讚下長大的孩子，只要受到誇獎就會隨即湧現幹勁，而且還有助於培養強大的自信——我透過經驗切身體會過這一點。

稱讚別人所得到的成效相當好。

因爲，**人會一直記得稱讚過自己的人**。

「他很仔細觀察我，很了解我！」

這樣的想法最終會累積成信賴感。

我前面提過，稱讚別人時要看準「該誇獎的點」，**假如你能稱讚連當事人自己也沒察覺到的優點，對方將會特別開心**。

無論如何，大家都要多費心思找出別人的優點，並且馬上用言語傳達，這可以說是人際交流的第一步，要從平時就養成這個習慣。只要點出對方的優點，雙方的對話就會熱烈起來，並以此拉近距離。

眞要說起來，日本人既不擅長誇獎別人，也不習慣受到誇獎。明明覺得對方很棒，卻不敢老實告訴他；受到讚賞時，也會因爲謙虛過頭而沒能直率地表現出喜悅。

謙虛和害羞被視爲日本人的美德，但在這全球化的時代，爲了和任何人都能融洽相處，還是建議大家學習如何自然地表達出自己的感受。

順便一提，我在專科學校授課或主辦說話術課程時，**會讓學生兩人一組，花幾分鐘的時間練習互相稱讚**。

起初，雙方互相稱讚時都很小聲、也很難爲情，但隨著時間經過就會逐漸展露笑容，到最後則是笑咪咪地大聲互相稱讚。

我建議大家可以像在玩遊戲一樣，和親朋好友練習互相稱讚，當你們拼命尋找對方的優點時，或許也會有新發現喔！

❯❯把機伶的「稱讚法」學起來。

25 要比現在「嘴甜」三倍

說到「嘴甜」，大家或許對此有種逢迎諂媚的印象，但我則是把接下來要聊的「嘴甜」和「諂媚」分開來看。

「諂媚」是做出討人喜歡的舉止，但**我這裡所說的「嘴甜」，只是單純想讓別人開心而說出稱讚的話**。

當然了，假如最後的結果是對方感到愉悅，也因此喜歡你這個人的話，那就太幸運了。不過，如果你一開始就抱著想討對方歡心的目的才「嘴甜」，你的企圖大概就會像司馬昭之心路人皆知，對方也不會接受。

如果不關心一個人，就不知道該如何稱讚他。

奇妙的是，人類會對自己的缺點置之不理，卻會特別關注別人的缺點，反過來說，要是不仔細觀察，就很難找出一個人的優點。

再加上，許多日本人都很害羞，會直接誇獎別人優點的人比想像中更少。

如果你能稍微鼓起勇氣，用比平常稍微誇大一點的形容詞來讚賞別人，對方一定會超乎你想像的開心。

以下要說的有點岔題。

小時候，當學校老師來做家庭訪問時，我母親總是會大力稱讚我們這幾個孩子。家母凡事都很謙虛，我很疑惑她爲什麼會把寵溺孩子的一面完全表現出來，而且告訴老師的內容清一色都是我們的優點，於是就問了她。

結果，我母親說：

「老師應該都很了解你們的缺點，但有些優點只有爸媽才知道，要是不告訴老師的話，他就不會察覺，因爲班上的學生太多了。」

小時候，母親似乎以我們幾個子女爲傲，其實我以前覺得這樣不太好，但到了這個歲數才終於明白。

如果你無心去尋找別人的長處，它們就會比你想像中更難留意到。

只要你記得找出別人的優點，自然就不會在乎那個人的缺點，很不可思議。

你將會心想：「**他雖然不擅長○○，但他某一點很棒，是我所欠缺之處，所以我要繼續和他來往！**」

當你有了這樣的念頭，就要大聲把對方的優點告訴他。

傳達時，有點誇大才是剛剛好。

沒有人會在受到誇獎時感到不悅。

有些人出於害羞和誠實而不喜歡受人稱讚，但他們心裡應該也並沒有那麼不開心。

不要退縮，不要害怕，儘管「嘴甜」吧！

說不定，那些平常不苟言笑又難搞的人，會對你露出笑容喔！

光是這樣，你是不是就會感到幸福呢？

≫讓別人覺得「你很重視他」。

26 製造「小笑果」能即時緩和當下的氣氛

要和初次見面的人打成一片總是很花時間。

若要卸下對方的心防，最有效的方法就是製造小笑果，讓對方笑出來。

不過，這裡說的「笑果」和搞笑藝人或落語*家製造的「笑果」有點不同，**單純是要緩和氣氛**。

因此，不需要讓對方捧腹大笑，只要讓彼此都忍不住嘴角上揚就夠了。

我們這些主持人會在婚宴正式來臨前和新人面談，由於是初次見面，雙方都會格外緊張。

---

*譯註：落語是日本傳統藝能的一種。

如同我會好奇對方是何種個性的一對新人，新人也會想知道我是什麼風格的主持人，擔心我能不能勝任這份工作。

活潑開朗是婚宴主持人的必備條件，所以我會笑容可掬地向新人打招呼，但彼此之間還是難免瀰漫著戰戰兢兢的氣氛。

當我遞出名片並自我介紹時，對方會看到我印在名片上的頭銜，說：「咦？原來您是社長呀？」

這時，我會馬上用有點開玩笑的語氣回答：「也就只是個社長啦！」（實際上也確實如此），結果雙方都笑了出來。

我說的那句話並非多麼有趣，卻緩和了當下的氣氛。

若想取得良好的溝通，就是要靠這麼一點小心思。

即使是和新人面談時我也絕對不會偷懶，會費心地取悅他們。

當然了，我本來就沒有搞笑天賦，也就只有前面說的那點程度而已（笑）。

有些新進員工會說：「我什麼都沒有，就是最有幹勁！」或是「我對我的體力很有自信！」有些業務員則會說：「活潑開朗就是我唯一的長處！」

儘管只是這麼簡單的幾句話，若對方精神飽滿地大聲說出來，我們聽了之後也會忍不住露出笑容，想要爲他們加油打氣。

若想要抓住對方的心，就要先「讓他露出笑容」。「笑」能夠活化副交感神經，舒緩緊繃的肌肉，進而讓雙方的心情也放鬆下來，如此一來，交涉起來說不定也會更加順利喔！

»»「有幽默感」才會惹人愛、得人疼。

27

沒人會討厭「心胸開闊的人」

若你和對方初次見面，尚未建立起足夠的信賴關係，而你想要縮短彼此的距離，或是想要更深入了解對方的話，**首先就應該從自己開始聊起**。

當你想要親近對方，但雙方卻遲遲無法拉近距離，是因爲他對你有戒心，又或是對你沒興趣。

不用擔心，你只要設法讓對方卸下心防，或是讓他對你有興趣即可。

既然如此，你就先從分享自己的事開始。若你和對方是在工作上認識的，可以說說自己進公司第幾年，或是目前的經歷等等。比方說：

「我直到上個月都還在札幌分行服務。」

「札幌啊？我朋友住在那邊，去年夏天我曾經去札幌找他！」

「這樣啊？札幌去年跟往年比起來都還要熱呢！」

「對對對，眞的很熱！」

像這樣，因爲雙方之間有「札幌」這個共通點，於是就產生了親切感。

如果你和對方是私底下認識的，你可以從家人的事開始聊起。

當你主動開口，也會比較容易問出對方的事，若雙方有共通點，對方應該也會主動搭上你的話題。

在你一點一滴地聊起自己的過程中，對方就會對你敞開心扉，雙方也就能夠融洽相處。

此外，人有一種心理，不會對無懈可擊的人卸下心房，因此，**透露自己的小弱點或煩惱**也是讓對方消除戒心的一種方法。

不過，不要選擇太嚴肅的話題，而是要挑選例如：

「窩在家裡讓我越來越胖了！」

「我是家事白痴，家裡被我搞得亂七八糟的！」等等。

如果聊天內容不那麼嚴肅，甚至還有點好笑的話，對方會比較容易回應，雙方聊起來也會更融洽。

爲了打開對方的心，你要先打開自己的心。

❯❯❯「親近感」是可以輕易製造的。

28 找出「小小的共通點」，讓人對你產生興趣

無論是多麼微不足道的小事，只要和別人有共通點，人們就會莫名地把對方當成夥伴看待，因而感到放心或甚至會變開心的。

如果你想和某人打好關係、縮短距離、讓他理解你，就要先找出雙方之間至少一個的共通點。

和初次見面的人交換名片時，**我們可以從名片裡找出許多共通點**。

首先是姓名，例如姓氏相同，或是名字相同。

「原來您的名字叫做柴乃布呀？我也是呢！」

「哎呀，眞開心！」

「我也覺得很榮幸！」

公司所在地也是個很好的切入點。

「您的總公司在吉祥寺啊！其實我求學時期就住在吉祥寺。」

「是北口還是南口呢？」

「南口，就在井之頭公園旁邊。」

「我的公司也在那一帶，眞巧！」

面對初次見面的人，我建議大家盡快找出自己和他的共通點，因爲這樣能夠比較快和對方打成一片，後續要談事情也會更容易。

例如出生地、母校、現居地、常經過的交通路線、家人等等……你要仔細聆聽對方說的話，專心找出雙方的共通點。

其中，**讀過同一間學校能建立不小的情誼**。

某次，我以主持人身分和新人面談時，我告訴他們：「外子和您讀同一間學校呢！」

「咦，這麼巧！那您先生就是我學長了！」

儘管就讀的學校和我沒有任何關係，但像這樣，爲了讓對方產生共鳴，不管什麼招數我都會用上（笑）。

此外，**同鄉則是最強的共通點**，不僅可以討論知名景點或名店來炒熱話題，說不定還會發現彼此有共同朋友，這樣一來雙方就幾乎是好夥伴了。即使是初次見面，也會覺得彼此之間的關係很親近。

如果你和對方有多次機會見面，或彼此在工作上有所交流，想要進一步親近的話，**建議你可以從共通的嗜好下手**。

假如雙方都喜歡運動，馬上就能聊得很起勁，例如棒球、高爾夫或網球等等。此外，喜歡釣魚或下棋的人大多有自己的一番堅持，每次見面應該都能越聊越投機。如果彼此興趣相投，例如都愛看電影、愛聽音樂或喜歡閱讀，這些也都是能夠打開話匣子的題材。

當你想和對方深入來往時，有共通的喜好將會發揮強大的力量。

因此，興趣廣泛或好奇心旺盛的人能聊的話題很豐富，和各種人都能很快就聊開，不只人脈廣泛，也具有深度和魅力。

儘管想要成爲這樣的人，但興趣卻不是一朝一夕可以養成的。

很遺憾，我完全沒有任何入迷到可說是興趣的事物，但因爲工作性質的關係，要是無法與人分享話題，工作就很難順利進行，因此，我所實踐的方法是「樣樣通，樣樣鬆」。

例如運動，不要說擅長了，我運動神經還很差，但我很喜歡看體育新聞，閒暇之餘還會觀看衛星電視轉播的運動賽事。

此外，我還會瀏覽當紅的電影或音樂資訊，如今，就連電影都能輕鬆透過網路觀賞。

利用一些閒暇時間看看電影，就能了解它爲什麼能獲得高度評價，有時也會遇到讓我覺得「沒看是損失」的好作品。

即使無法達到雙方興趣相投的程度，但只要能夠跟上別人的話題，就能縮短距離，聊得很愉快。

只要你並非興趣廣泛之人，就必須主動、努力地找出和別人的共通點，讓自己和各種人都能合得來。

在建立人際關係這方面，「找出彼此的共通點」是讓你能打進對方心房的強大武器。

大家要每天精進自己，即使是多一個也好，也要盡量讓自己和對方擁有共通點。

❯❯❯要當個任何話題都能聊的人。

29 不馬上反駁不同的看法，暫且先接受再說

身爲婚宴主持人，婚宴當天對我來說肯定很重要，但我更加注重事前的面談。

一般來說，主持人和新人面談的機會只有一次，所以我會用上全副心力，做好準備，絕不錯過新人的一字一句。

首要重點就是要讓新人對我敞開心胸，而能不能辦到，取決於我是否能傳達出「我和你們看法相同」的訊息，取得他們的信任。

我會問出新郎和新娘的要求，即使要滿足他們的要求相當困難，我還是會表示贊成，**不和他們唱反調**。

站在主持人的立場，有些要求幾乎不可能實現。

即使如此，**我還是絕對不會說出否定的話**。

舉例來說，假設新郎和新娘提出「想在婚宴上親手把卡片遞給每一位賓客」的要求，若賓客人數少倒還有可能完成，但當賓客超過30人以上時，就會很花時間。

不過，新人想要對每位賓客致謝是一件很有心的事，賓客拿到的手寫卡片也能作爲很棒的紀念，一定會很開心。

因此，對於新人想遞上卡片這件事，**我會說：「這個構想很棒呢！」來附和他們**。

接著，我會告訴他們婚宴時間有限，要親自遞卡片給每一位賓客會影響到其他活動的流程，並提出「事前就把卡片放在賓客桌上如何？」作爲替代方案。

先加以附和來讓新人放心，之後再仔細說明情況，使對方更容易接受。

假如我劈頭就推翻新人的要求，會怎麼樣呢？新郎和新娘會覺得自己被全盤否定而感到不悅，即使我再提出替代方案，他們應該也會很難接受。

因此，**要先附和並接納對方的意見**。

這個道理運用在開會討論時也是一樣的。

有人提出和自己相反的意見時，要是直接說出：「我反對！」就只會讓雙方鬧得不愉快。

首先，我們要這樣附和對方：

「我懂你說的意思。」

「我知道一定也有人這樣想。」

然後，再接著說：「但我的看法是這樣的……」如此敘述自己的反對意見，才是聰明的做法。

若你很情緒化地否定別人的異議，不僅欠缺理性，也不夠俐落。

如果你想要提出自己的主張，建議你從平時就要培養冷靜且邏輯清晰的說話技巧。

人家常說日本人不擅長把話說得符合邏輯，這是因爲日本有著「心照不宣」、「心有靈犀」、「就算不說出來，對方也應該要懂」的文化。

相較之下，歐美地區是許多民族的大熔爐，文化也各有不同，所以歐美人的觀念是要溝通只能靠言語，而且要解釋得條理分明，讓任何人都能聽懂。

美國之所以很盛行辯論，也是因爲他們的文化背後有著「能提出自我主張，有能力說服別人的人應該獲得肯定」的觀念。

從邏輯思考的角度來看，在會議或商討的場合上，重點在於贊成或反對，結論才是最重要的。因此，對提出異議的人表示附和或許會被當作是多此一舉。

然而，這卻是我們必須具備的體貼。

只要不是在國際場合上和外國人辯論，當我們和自己國家的人各持己見時，還是要先附和並接納對方的看法，再表示反對或說服對方，我認爲這才是最好的做法。

要懂得「尊重別人的意見」。

30

「請教」也是一種待人的體貼

有句話說：「請教是一時之恥，不懂才是一生之恥。」當我們年紀越大，就越是不好意思承認自己也有不懂的事物。

每個人都不想被人嘲笑：「他竟然連這種小事都不懂！」

但要是一直都不懂，很可能會因此自掘墳墓。

我了解這種不想丟臉的心情，但這時大家反而要痛下決心，**虛心向別人請教**。

若你誠心請教，對方也不會因爲你不懂就瞧不起你。

他說不定反而會覺得你承認不懂是誠實的表現，還會因爲你請教他而萌生些微的優越感，很樂意地教導你。

而且，**承認自己不懂等於在對方面前暴露自己的弱點**，這樣能讓對方產生安全感，甚至讓你們打成一片。

若因爲愛面子而忽視不懂的事物，想要矇混過去，這對你無疑沒有好處。**具有判斷力的人，就是會老實承認自己不懂**。喜歡不懂裝懂而打腫臉充胖子的人，總有一天一定會露出馬腳。

此外，面對坦承自己不懂的人，我們也更容易老實說自己同樣不懂，這就是雙方心靈相通的證據。

世界上沒有十全十美的人，每個人都是不懂的部分會比懂的還多。

爲了擴展自己的知識，如果遇到不懂的事情，我建議大家積極地請教別人。

❯❯❯讓對方嘗到「教人的喜悅」。

31

簡單一句話，就能成為「溝通的潤滑劑」

和人來往的具體例子很多，例如與認識的人擦身而過並互打招呼、招待初次見面的人、和同事開會討論，或是和親朋好友私下閒聊等等。在這些場合，你有沒有專注在對方身上，細心地應對呢？

這裡並不是要你隨時隨地都不能放鬆，但若我們稍微綳緊神經，就能察覺放鬆時沒能察覺到的細節，進而和對方心靈相通。

走在路上和左鄰右舍打招呼時也是如此。

除了說聲早安之外，還可以再加上一句：「天氣變冷了呢！」

對方可能會回答：

「眞的耶，要把外套拿出來穿了！」

「對啊，我也覺得要是有穿外套出門就好了！」

「我們都要保重，小心別感冒了！」

如這個例子所述，即使只是兩、三句話，雙方就對「天氣變冷，要保重身體」達成了共識。

在這一刻，雙方就心靈相通了。

接待初次見面的人時，若仔細觀察對方，可能會發現他用了和自己同款的記事本。**這時，你只要說一句：「我也很喜歡這個款式耶！」並且拿出自己的記事本給對方看**，就能一口氣拉近雙方距離。

聽別人說話時，我們有時會心不在焉，或是在想自己接下來要說什麼，但只要專心傾聽，就會發現到雙方都有共鳴的事物；只要專心傾聽，對方就更能敞開心房，願意對你說更多掏心話。

下面要說的事發生在我經常光顧的一家洗衣店。

直到三年前左右，我都過著幾乎沒有假日的生活，每天都很忙碌，時常帶著髒衣服跑去那家洗衣店，任性地要求明天就要取衣，遇到人多時也會很不耐煩。

近幾年，我逐漸能按照自己的步調工作，時間上也比較有餘裕了。

因此，我不再要求洗衣店在短時間內幫我洗好衣服，即使人多也很有耐性地等待。於是，我便能夠向店家多關心一句：「您店裡週末這麼忙，真是辛苦啊！」

結果，對方回了一句好溫暖的話：「總是讓您久等，真不好意思！您今天也要上班嗎？加油喔！」

我在這之前總是慌慌張張，對話時也只隨便交代了洗衣相關的事，但只是這樣**多關心一句，對方也會熱情地回應。**

光是和他人進行這番短短的對話，就能神清氣爽地度過一天。

待人要細心，不要隨便。

只要稍微用點心，就能和別人心靈互通，過著心靈富足的生活。

≫待人要「專心而細心」。

第4章
讀取對方的「表情」，早一步展現體貼

——成功人士都懂的「對話與人類心理」的法則

32 不錯過別人的「不安神情」，藉此贏得信賴

前面曾經提過，我和新郎與新娘面談時，絕不會錯過他們的一舉手一投足和一字一句，但除此之外**還有一項不能錯過，那就是對方的表情**。

「看別人臉色」這句話大多給人負面的印象，但除了婚禮業界之外，只要工作內容和接待有關，從業人員就經常得看別人的臉色。

即使你不是從事接待工作，只要學會本章傳授的祕訣，就能**「搶先一步展現」自己的貼心**。

在人的眾多表情中，最需要注意的是「不安的神情」。

如果能捕捉到別人不安的表情，就能夠提前預防後續可能會發生的麻煩。而且，**在**

人際關係中，若能去除所有令雙方感到不安的因素，就能形成強韌的信賴關係。

比方說，當我和新人面談時，對方有時會突然轉移目光；或者，原本明明聊得很起勁，對方臉色卻忽然暗了下來；抑或是新郎和新娘彼此互看一眼等等。

這多半代表他們對我說的話感到無法接受，或是還有其他話想說。

當我一發現對方的表情不對勁，一定會馬上詢問：

「到這裡為止，有沒有什麼問題？」

藉此營造出有利對方開口的氣氛。

簡單來說，就是**絕對不要著急**，用認真細聽的態度等對方說出來，或是多說一句：「有任何問題都請提出。」只要我方擺出準備聆聽的姿態，對方也會願意表達。

舉個例子，假設我和新人正在討論要邀請哪些賓客上台致詞，並詢問他們的關係，而新郎卻在我要進入下個話題時臉色一變。

這時，我就會問：「怎麼了嗎？」

新郎便回答：「其實，那位賓客當天有可能無法出席。」

有時候也會問出這樣的答案。

若我在面談時就知道有這種可能性，就能事前想好那位賓客缺席的應變方式。

此外，我還曾遇過新郎和新娘在婚禮企劃師的建議下，已經安排好預計要致詞的賓客人數，但後來又想再追加一個名額，像這種情況，有時會讓新人很難開口。

其實，新人只要找主持人商量，主持人就可以幫忙安排時間或是想其他辦法，但是如果身為主持人的我沒注意到新人的表情有異，他們很可能會覺得「要是能再多找一位賓客致詞就好了」因而感到不滿。

若能盡早解決這種不滿的情緒，新郎和新娘就能放心迎接婚宴當天的到來，也會更信賴主持人。

到了婚宴當日，我除了注意新郎和新娘之外，也會設法照顧到雙方親家和賓客。假如雙方親家在婚宴上露出納悶或灰暗的表情，我就會多問一句：

「**婚宴目前都照預定時間進行，您有什麼疑慮嗎？**」

他們大多是在擔心敬酒的時間點，或是正在猶豫該不該離席，和婚宴的進行沒有直接關係，所以我會在力所能及的範圍內協助他們。再說，這也是和雙方親家交流的好機會，因此我會積極向他們搭話。

他們偶爾會指出一些地方，例如：「剛才您唸了一些賓客的祝賀詞，其中有○○賓客的賀詞嗎？」

如果我唸過了，只要說唸過了就能讓對方放心，假如沒收到該賓客的祝賀詞，也只要如實傳達即可，這也是一個消除對方的不安就能避免麻煩發生的好例子。

我在專科學校任教時也常留意學生的表情，曾有學生在畢業時給我的留言寫到：

「老師，您總是沒有錯過我們的微小變化！」而這句溫暖的話，直到現在都還支持我。

仔細捕捉對方的微小變化和表情，並且多關心一句，就能打動對方的心，讓他產生絕對的安心感和信賴感。

》》如此累積起來的「信賴感」難以撼動。

33 如何安慰情緒低落的人

我是個樂觀的人，認爲不管發生什麼事都能船到橋頭自然直，但即使如此，偶爾還是會有情緒低落的時候。

有一次，我和一位老朋友久違地相約見面，朋友察覺我不像平常的樣子，問我是不是發生了什麼事。我雖然很感謝她的關心，但因爲事情和她無關，我便用一句「沒什麼」輕輕帶過。

結果，她調皮地吐槽我：

「是喔？眞討厭，連我都不能說嗎？妳竟然有祕密，我不開心了啦！（笑）」

「我沒有祕密啦！」

「所以到底怎麼了？」

於是，我向朋友說出心中的小煩惱，她聽完後便樂天地說：

「那種事，這樣做不就解決了嗎？」

「的確，妳說得對！」

「是吧！」

我的煩惱就在短短幾秒內解決了。

當你發現別人心情低落時，**還是應該上前關心一句**。雖然這要看你和對方的交情有多深，但如果對方什麼都沒說，你反而要進一步追究。

有些人可能會覺得你多管閒事，但這樣想的人也不會再多說什麼了，所以就此打住也可以。

不過，**如果你和對方有一定的交情，就不要聽信他說的「沒事」，而是試著再多問一句**。

人在非常消沉的時候大概無心向他人吐露實情，但獨自煩惱也找不到解決辦法，對方很有可能只是在原地打轉，這時，第三者的意見就很可能會爲當事人帶來正面影響。

若是在一群人見面時察覺當中有人心情不好，**最好單獨和對方談，而不要當大家的面提起**，因爲在衆人面前很難說出心事，而且，若除了你之外，其他人都未與他攀談，反而會使對方更尷尬。

先站在對方的立場想想看後再行動，就知道該趁什麼時機開口關心。

若要察覺別人的表情是否有異，就必須連對方平時的表情也仔細觀察，待人接物時，關注對方的表情相當重要。

如果雙方交情很好，比較能夠輕鬆開口詢問，但若對方是生意上往來的對象，關係沒那麼親近的話，你可以問他：

「最近怎麼樣？工作還是很忙碌嗎？」

用如此一句無傷大雅的話來問候也是個方法。

這麼一來，對方也許會回答：「最近不停加班，有點疲勞。」或是「其實我狀況不太好，直到昨天都還在休假」之類的。

這時，你就可以說句「還請多保重身體」來慰勞他。

多多留意對方的表情，也多一句關心。不需要說得很長，只要簡短的話語即可。

大家若能培養每次和人見面時都會多關心對方一句的習慣，人與人之間的距離就會逐漸縮短。

假如你只是暗自擔心，對方也感受不到你的心意，無論再過多久都不會對你打開心門，自然也無法聽到他的心聲。

當一個人心情低落、有煩惱或身體不舒服時，他可能會從笑容滿面變得一臉嚴肅，或是臉色不好看、眉頭緊皺等等。除了表情之外，我們還可以從姿勢看出一個人的心情，例如肩膀下垂、低著頭和駝背等等，內心的不安會反映在身體上。

人會不自覺地發出各種訊號，並且想要和能接收到那些訊號的人相處。

若你不會只顧慮自己，而是擁有一顆懂得關懷別人的心，每個人都會喜歡你，想要仰賴你。

≫「刻意進一步追問」才是真正的體貼。

34 「連小事都記住」，給對方驚喜

對於經常相處在一起的親朋好友，如果能若無其事地送他喜歡的東西，對方應該會更加開心，你和他之間的關係也會益發深刻。

個人認爲在送禮時，最好要送對方喜歡的東西。

爲此，**你必須從平時就牢記對方的表情和舉動**。

一起用餐時，若對方吃得津津有味，我們就能看出那是他愛吃的食物；如果有機會一起逛街，我們也能夠從表情讀出他對什麼商品有興趣。

當對方收到喜歡的禮物，就會知道你有多麼關心他，進而對你產生好感。

此外，假如是許久未見的朋友贈送的禮物，就會心想「對方一直記得我喜歡什麼」，因此更加感激。

前陣子，我和十幾年沒見面的朋友一起聚餐。

當時，朋友送我的口紅是我長年愛用的品牌，**連顏色都和我平時用的一樣**。

看到我開心的樣子，朋友說：

「太好了！我本來還在擔心妳現在說不定換了口紅，但我就記得這顏色很適合妳。」

朋友把禮物交給我時說了這番話，也顯現了她的用心。那麼多年沒見，竟然還記得我喜歡什麼，而且還設想到我可能已經改用別的款式，卻還是選了適合我的顏色——我切身體會到她有多麼重視我，頓時整顆心都暖了起來。

若要記住一個人喜歡的事物，就必須要有一心為該人設想的心意才辦得到。

如果你想看到重視對象的笑容，就要記住他開心時的表情，並且把那件令他開心的事物烙印在眼底。

儘管時光飛逝，若你記得對方的喜好，就證明你和他之間有著不變的情誼。

》》記住對方「喜歡的事物」。

35 主動向「無法融入的人」搭話

在派對或聚餐等場合，你會不會積極地向陌生人搭話、交流呢？

如果我說自己其實很怕生又害羞，大家也許會心生懷疑（笑），但我認為自己原本的個性是十分內向的。

不過，我很喜歡與人交流，若在筵席上遇到不認識的人，總會鼓起勇氣主動找對方說話。

當我向對方搭話後，有時會發現他很會說話，反而為我帶來許多樂趣；有時候則會發現雙方之間有共通話題，讓我慶幸自己有鼓起勇氣搭訕他。

由於我自己有著內向的一面，**在派對或餐會上看到無法參與話題的人會心有戚戚焉，因此常盡量主動找對方說話。**

此外，在聚餐場合上，即使大家彼此認識，但若聊到對某些人而言不熟悉的話題，總會有一、兩個人無法融入，這時，我會故意改變話題，或是把話題丟給無法融入的人。

既然大家共享同一個時空，我覺得如果有人不能一起同樂的話，是很可惜的事。

在派對上，無論聊什麼話題都可以，但如果你想要和別人聊得熱絡，最好找出雙方的共通點，所以要從平時就累積廣泛的知識和素養。

如同先前所述，**即使「樣樣通、樣樣鬆」也無妨，要對各種事物都抱持興趣**，如此就不會缺少話題。若發現對方比自己更了解你提起的話題，只要虛心向他請教即可。

只要實踐我傳授的祕訣，就算派對上都是不認識的人也不怕。

當你還有一些餘力時，請多多向那些看起來很寂寞的人搭話，相信你們一定可以共度一段很棒的時光。

≫讓別人覺得「只要有你在就很開心」。

36 在別人想說的「時間點」開口問

一個人只要不是撲克臉，通常會把喜怒哀樂都表現在臉上。

當你身邊有人看起來很難過或沮喪時，上前關心是種體貼，但**若對方顯得格外開心時，我希望你也能多問一句**。

當自己遇到開心的事，應該會想要馬上和親朋好友分享吧？不過，對於關係不那麼親近的人，就會猶豫要不要主動提起。

可是，內心其實還是會想要講給別人聽，希望他能察覺——你有沒有過這種經驗呢？

考慮到每個人都有這樣的心理，當你發現某人露出喜上眉梢的樣子，**就應該主動問一句：「發生什麼好事了嗎？」**

例如確定要結婚、孩子考上第一志願等人生大事；要升遷或工作大獲成功等職場成就；或是即將出門旅遊、去吃大餐等日常小確幸等等，讓人開心的好事形形色色，有各式各樣的原因。

互相分享喜事並一同感到喜悅，能讓雙方之間的連結更強韌。

當你多問一句，得知對方開心的原因是要去旅行或吃大餐時，也可以在事後把它當作共通話題來聊。

「玩得還開心嗎？」

「那家法式料理真的像傳說中那麼好吃嗎？」

和旅遊、美食相關的話題對你來說也會是不錯的資訊，更能藉此機會得知對方的喜好。

此外，像是結婚或入學等人生大事，若趁機送對方賀禮應該也能讓他開心。

不需要一定得送出多大的禮物，假如雙方的關係並不是那麼親近，**送點小禮表示心**

意也就夠了。最好不要送昂貴的禮物，而是**挑選對方能毫無拘束收下的東西**。

人從意料之外的對象手上收到意外的禮物時，內心就會被打動。當你若無其事般地送上飽含心意的禮物，就能在對方心中留下與眾不同的印象，而這就是「若無其事的貼心」。

❯❯❯巧妙地表達祝賀之意。

37

其實，別人有在注意「你的這些表情」

人在孩童時期會把各種情緒直接表現出來，心裡在想什麼都會寫在臉上。隨著年紀增長，我們會遇到許多必須壓抑情緒的場合，逐漸學會控制自己的表情。

儘管如此，只要一個不注意，情緒就會在不知不覺中顯現在臉上。

尤其像憤怒和唉聲嘆氣這種負面情緒，旁人從你的表情就看得出來，所以在人前和職場上更要留心。

這是因為，表現出負面情緒會影響到身邊的人，甚至還會讓人感到不快，搞壞當下的氣氛。

讓別人開心是種體貼，**小心不讓別人感染到負面情緒也是一種很棒的體貼**。

話說回來，爲什麼憤怒和唉聲嘆氣這種負面情緒會寫在臉上呢？

這是因爲我們無法控制情緒，有句話說「壞脾氣對自己不利」，而事實也是如此。憤怒的情緒會降低一個人的格調，破壞當事人的形象，因此，表現出憤怒沒有任何好處。

即使心中湧上怒氣，也要在那一瞬間忍住。

默數兩秒，並且深呼吸。

即使只是兩秒和一次深呼吸，卻有極大的效果，這是我自己親身實踐的方法，保證有效。

無論你平常的表現有多好，在你表現出怒氣的瞬間，別人對你的評價就會暴跌。

別人會很仔細地觀察你的表情，所以**你偶爾要意識到別人的眼光**。

在讀取別人的表情之前，要先注意自己的表情，如此就能從對方的神情讀出更多資訊。

❯❯努力不把「負面情緒」表現在外。

38 靠「眼神」讓人留下可信賴的印象

作爲就業活動的一環，我會爲學生進行面試指導，當我扮演面試官時，總能把應徵者的表情看得一清二楚。

若要博得好感，就要**仔細聽面試官說話**。

必須將身體轉向面試官，不隨意轉移視線，不時附和面試官所說的話，努力理解其話中的內容。

相較之下，有些學生顯得坐立不安，不敢和面試官眼神交會，經常低著頭，他們屬於在正式面試時會被刷掉的類型，身爲指導老師的我很替他們擔憂。

在面試場合，關鍵就在於面試官眼中的自己看起來如何。

我總是告訴學生，第一印象在面試時占了最大的比重。

以飯店業和婚禮業界的情況而言，資深面試官在敲門、進門、自報姓名到就座的短短幾秒當中，就能決定要不要錄取對方。

面試官能從敲門、出聲、走路、打招呼和就座的方式看出許多端倪，如此留下的第一印象，在他正式面試之後也幾乎不會改變。

由於飯店、婚禮業界是要面對人的職業，是否錄取將取決於你給人的印象好壞。

不過，**即使你的工作不需面對人，良好的第一印象仍然是比較有利的**。

個人主觀認爲，假如某人的第一印象是一百分，即使之後在說話時露出缺點而扣分，分數頂多也只會降到七十分。然而，**要把只有三十分的第一印象拉高到七十分卻難如登天**。

這個道理套用在日常生活中也一樣。

沒什麼意外的話，不好的第一印象通常很難被推翻。**和說話的內容比起來，面對他人時的態度更重要**。

面對別人時，無論是對方還是自己在說話，你的視線都要看向對方的眼睛。

和外國人比起來，日本人比較不敢直視他人眼睛，若有人盯著自己看，就會產生壓迫感而緊張起來。

若你不敢直視對方眼睛，稍微撇開視線也無妨。當你和對方之間隔了一段距離，而**對方是男性時，你可以看著他領帶打結的位置**。從對方的角度來看，雙方就彷彿是四目相交。

若雙方距離較近，**則可以看著對方的人中到嘴角一帶**，這樣子對方就會覺得你正看著他的眼睛。

注視著對方，能讓他產生你有在聽他說話的安心感，對你抱持良好的第一印象。

若你只是因爲難爲情而移開視線，對方也不一定能理解，說不定還會心想：

「這個人都沒在聽我說話！」

「眞是個冷漠的人。」

如果你很想知道自己在別人眼中的模樣，可以請家人或朋友幫忙，研究看看你在說話時都是如何對別人投以視線的。

如果這樣還是感到難為情，也可以對著鏡子練習看看，抓住大概的感覺之後，**剩下的就只要實踐即可**。

▶▶▶「第一印象帶來的影響」會一直留下。

39

讓人覺得「和你就是談得來！」

要結婚的情侶形形色色。

有年輕小情侶、熟齡情侶、忘年戀情侶和名人情侶等等，其中也有活潑開朗、穩重文靜、有話直說、有所堅持的人，可說千差萬別。

而我們主持人的工作，就是要配合所有類型的人。

因此，我會在面談時觀察要結婚的新人，從配合他們的步調做起。

若是年輕小情侶，要是太過強調禮俗的話，對方不僅會覺得和我談不來，甚至還可能對我敬而遠之。

相反地，要是用太輕鬆的態度對待熟齡情侶，就得不到他們的信任。

因此，我在談話過程中，無時無刻都在觀察對方的表情。

不過，由於面談是個尋求雙向溝通的場合，因此我會盡量讓自己也樂在其中。這是因爲新郎和新娘會觀察我的表情，很快就能看出我是做做表面還是眞心爲他們設想，所以我也要認眞地配合他們。

現在回想起來，我在專科學校面對學生時也是如此。

我每年都會老一歲，但入學的學生永遠都是十八歲或十九歲。

起初要和十幾歲的學生交流雖然有些辛苦，但只要我樂在其中，就會發現這樣充滿刺激和樂趣，而且還能得知時下年輕人的最新潮流資訊，是一段很寶貴的時光。

以流行音樂來說，我從學生口中了解許多傑尼斯、女子偶像團體和韓國藝人的資訊，但那已是幾年前的事，現在又有新的藝人出道，所以必須時常更新資訊才行。

此外，學生們或許是受到父母的影響，似乎也會在ＫＴＶ點唱我這個年代的偶像歌曲，當我得意洋洋地說起當年的流行熱潮時，學生也聽得津津有味，氣氛相當熱烈。

此外，當我和長輩一起喝酒時，我也會從他們口中得知我沒聽過的歌曲，不僅聊得愉快，還長了知識。

音樂的話題隨著年齡差距而有不同，每個人的喜好也見仁見智，但**只要互相交換資訊，接觸到的音樂就會變多兩、三倍**。

配合對方的步調，不是只做表面，而是出於真心。

只要拿出這樣的態度，就能**讓對方輕易接納你，甚至還能由此得到信賴**。

配合對方的話題能讓你更了解陌生的領域，拓展知識。

溝通是雙向的，當你看著對方的表情時，對方也是如此地看著你。

若對方顯得很愉快，就和他們一起同樂吧！從今而後，即使年紀增長，我還是想要繼續抱持這樣的態度。

》》配合對方的步調。

第5章 贏得別人的「信賴」

——這種情況，就是抓住人心的大好機會

40

不把「下次再一起吃飯」當作場面話

我認爲，**若要贏得別人的信賴，最重要的一件事就是「言而有信」**。

無論在工作場合還是私底下，無論向對方承諾的事是大是小，你都一定要完成，只要持續做到這一點，就能提高別人對你的信賴度。

承諾有很多種。

「我明天再打電話給您。」

「我下週會把文件寄給您。」

「下個月約出來見面吧！」

「下次一起去吃飯吧！」

「之後我再把您介紹給對方認識。」

只要沒有意外，「我明天再打電話給您」的承諾通常都能實現，但假如你經常不小心忘記，信用可說是已瀕臨危險邊緣。

請站在對方的立場想一想，他說不定一整天都在等你的來電。

然而，要是你沒有撥電話過去，對方應該會對此相當失望吧！有些人甚至還會擔心你是不是出事了。

你說這不是故意忘記的？我明白你的心情，但我們還是要繃緊神經。

當你向對方道歉時，他也以沒關係來回應，但那是因爲成熟大人的心態才裝作沒事，但**說不定對方心中對你的信賴度早已下跌了**。

接著，「我下週會把文件寄給您」這句話沒有說清楚是下週的何時，雖然只要是下週之內都算過關，但這和打電話的例子一樣，對方很可能從週一就在等你的文件。

即使沒有指定日期，還是**越早寄過去越好**。一旦讓對方感到不安，即使你勉強趕在期限前送件，對方還是不會信賴你。

再來是「下個月約出來見面吧」、「下次一起去吃飯吧」和「之後我再把您介紹給對方認識」。

這些承諾兌現的機率其實很低，一來它的期限並非近在眼前，二來則是因爲有些人其實只是當作場面話說說而已。

至於我本人，無論是見面、聚餐還是介紹人認識，都絕對言出必行。

如果你覺得我所說的是理所當然的事，那麼我相信你一定備受信賴。

因為很少人能夠做到這些理所當然的事。

若我主動邀對方「下次一起去吃飯」，就會**盡快更動行程，決定吃飯的日期。**

若不決定日期，就無法兌現承諾。假如雙方都相當忙碌，很難挪出時間，就要提出兩、三個備案讓對方選擇，詢問：

「這天和那天如何？」

這樣做，才能算是實現諾言。

萬一你在主動邀請之後突然忙碌起來而挪不出空檔，就要儘快把情況告訴對方。

即使對方將你的邀約視作場面話，若你主動聯絡他，也能讓對方對你留下很嚴謹、很有心的印象。

要是你總愛說場面話，別人就會覺得你只會嘴上說說，而且受你邀請的人還可能會覺得你不把他當一回事。

說到就要做到，即使只是小事，言出必行的你必定更能博得信賴。

信賴不是從「成就大事」中得到，而是從許多小事來累積。確實遵守約定，對自己的承諾負責，這是做人最基本的道理。

>>越小的承諾越該信守。

41「不重蹈覆轍」最重要

有句知名電視劇的台詞是：「我是絕對不會失敗的。」聽起來很帥氣吧？但遺憾的是，這世上沒有人不會失敗，不可能做到十全十美，一定會在某個時候犯下失誤。

重點在於，不要再犯同樣的錯。如果有人重蹈覆轍，那就一定有問題，可能是理解有誤，或是態度太大意了。

第一次犯錯，人家或許會睜一隻眼閉一隻眼，但第二次就不是這樣了。

以下是我的親身經歷，在專科學校擔任講師的第一年，學生在教師評鑑中給了我最低的評價。

學校為了替學生提供良好的上課環境，會實施教師評鑑，然而在第一年，我擔任導師的班級卻給了我最低的分數。

上司問我：「發生了什麼事？妳似乎教得不太順利呢！」讓我非常沮喪。

當時，除了擔任班導師的班級之外，我也在其他眾多的班級授課，他們給我的評價也並不差，但偏偏只有我自己帶的班級評價最糟糕……。

這可說是有史以來讓我最沮喪的事，我覺得自己彷彿整個人都遭到否定。

然而，**在我透過分數接受這件事情之後，我的心情便豁然開朗**。

先前提過，我和學生的關係有些齟齬，雖然隱約覺得自己也有不好的地方，但在這之前，我內心某處其實都把錯怪罪在學生身上。

這時，我才終於察覺是自己的不對，應該反省的人是我。

坦然接受這個事實後，我開始改變和學生建立關係的方法及上課方式，就此踏入第二年。

改善的效果逐漸出現，在這之後，隨著經驗累積，我和學生也建立起良好的互動，至今依然有許多畢業生將我當作師長仰慕，對此我很感謝，這也是我的榮幸。

我真的很慶幸當時察覺了自己的錯誤，要是我頑固地堅持原本的做法，繼續怪罪學生的話，後續可能就教不下去了。

這件事給了我一個啓示：失敗時，要反省自己的言行，並且提出改善方法。

在工作上，**不重蹈覆轍是至關重要的**。別人是認爲你靠得住才把工作交給你，要是你每次接到工作都失敗連連，就一輩子也接不到工作了。

犯下失誤時、遭遇挫敗時，你要冷靜找出箇中原因。

此外，還要重新改正自己的心態。

接著，請回想自己有沒有歸咎於別人。你必須面對自己，直到能把失敗當作自身的錯誤，並且消化它。

第一次失敗通常能在事後回顧時當成笑話。然而，若是失敗第二次、第三次，可就沒辦法只當成玩笑了。

千萬不要重蹈覆轍——你要將這一點銘記在心。

»失敗不是重點，別人看的是你如何因應失敗。

42 道歉和「事後的補救」能緩和氣氛

每個人都不喜歡道歉，但我因爲職業的關係，經常遇到許多必須道歉的場合。

在婚宴現場，不管我再怎麼細心注意，還是會遇到無法盡如賓客心願的事。大型飯店或婚宴會館在週末會舉行好幾組新人的婚禮和婚宴，無論多麼精心準備，會場上一定還是會有人冒出怨言。

不用說，主辦方當然會努力做到盡善盡美，但有時候還是會看不出顧客眞正的需求，無法遵照客人的意思去執行。

即使並非故意，只要出了錯，就一定要馬上道歉。

舉例來說，假設主持人搞錯致詞嘉賓的名字，或是搞錯了新郎和新娘的母校等此類絕對不能犯的禁忌時。

一旦發現弄錯，最好要馬上透過麥克風向大家道歉。

若主持人很快就發現錯誤，通常會立馬道歉並進行更正，但有時候主持人本身沒有察覺，在經過一段時間之後，才在別人的指正下察覺有誤。

這時，主持人會立刻向新人道歉，但是會猶豫要不要透過麥克風向大家更正，這是因為已經過了一段時間，許多賓客都會表示不必特地更正也沒關係。

然而，錯了就是錯了，即使賓客認為沒有必要，還是必須當場更正。

原因是，婚宴是非常特別的場合，原則上，一模一樣的賓客陣容不會有機會再次齊聚一堂。

要是錯過了這一天的這一刻，就沒有機會向所有人道歉了。

該道歉時絕不可猶豫。

一旦犯錯，就要馬上道歉。

這可說是婚禮業界的鐵則，但在其他職場和日常生活中不也如此嗎？不要只會等待別人反映，而是應該自己主動更正錯誤，要是想把錯誤矇混過去，之後很可能會引發更大麻煩。

順便一提，在婚宴和飯店業等服務業中，有時會發生接待方並未犯錯，但因爲不合顧客的意而被迫道歉的情況。

大家可能會覺得這樣並不合理，但**我們能夠從服務人員的應變看出他的器量有多大，甚至反過來被其圈粉**。

在這裡，讓我來聊聊小時候的親身體驗。

每年夏天，去海邊的度假飯店住宿是我們家的慣例，那家飯店的服務頗受好評，全家人都很期待投宿。

某年夏天，我們一家人在飯店餐廳吃晚餐，當時才三歲的弟弟在喝了一口湯後，就馬上說：「湯冷掉了。」

「柴乃布，妳也喝喝看！」小學四年級的我，在家父催促下試喝了弟弟的湯。

我自己的湯很溫熱，相較之下，弟弟的湯確實是冷的。

聽了我的話之後，家父相當生氣，覺得飯店怎麼可以對小孩子疏於服務，就把旁邊的服務生叫來。

家父掩不住焦躁的情緒，憤怒地對一臉疑惑的服務生說：「叫你們經理出來！」沒過多久，聽說事發經過的餐廳經理來到我們桌邊，完全沒有找任何藉口，只是深深地鞠躬說：「眞的很抱歉，馬上就爲您換上熱湯。」

在經理俐落的應對下，家父的怒氣也差不多都退去了，此時，原本被家父的怒氣震懾而保持沉默的家母，突然鼓起勇氣低喃說：

「難道……這湯是刻意做成冷的嗎？」

沒錯，湯不是冷掉了，而是特地做成冷的。

為了讓小小孩更容易食用，飯店方特地在兒童餐裡安排了冷湯。

如今，法式馬鈴薯冷湯（Vichyssoise）已經相當流行，但這件事發生在四十幾年前，對食物沒什麼研究的家父和我，根本無從得知有冷湯這種東西。

在我們一陣尷尬時，經理送上了熱湯。

「對不起，我們給您添麻煩了！」

家母這麼說，經理微笑著回答：

「別這麼說，是我們不夠周到。如果今後您還有什麼不滿意的地方，都請儘管告

訴我們。」

經理這番應對讓家父非常感動，回家前特意在客房裡留了感謝的便條。從此之後，我家更喜歡那間飯店，持續光顧了好幾十年。

儘管不是飯店方的失誤，但經理還是道了歉。

這在習慣上法院解決紛爭的其他國家，絕對是不可能的事情吧？

不主張我方的正當性，而是站在顧客的立場思考，做出不傷害顧客自尊心的應對。

這大概是日本獨特的服務精神，或許會被認爲有點陳舊。

但是，這樣做能夠滿足顧客，讓顧客能好好享受飯店這個非日常的空間，也讓人感受到自然而然的貼心，是最棒的款待。

如今身在婚禮業界的我仍記得當年的體驗，一直以來也用同樣的態度接待客戶。

≫「要做到那種程度」才能打動人心。

43 暗中「為別人謀福利」

人無法光靠自己一個人活下去，要是你抱著獨善其身的想法，一旦有需要時就沒有人會幫助你。抱著「施與受」和「彼此互助」的精神過生活，你對別人的好就會以某種形式回報給你。

即使如此，我們當然不能從一開始就希望別人回報，我要說的是，**當你為別人盡心盡力，有時候將會間接以意想不到的形式對自己有利**。

以我為例，學生會來找我商量轉職的事。我很了解學生的適性，會思考有沒有適合的公司，介紹符合條件的企業給他。若順利媒合，企業方會感謝我介紹好人才給他們，讓我相當得意，學生也會感謝我，連我都感到滿足。

相反地，有時候認識的熟人也會介紹主持工作或演講機會給我。這時，我會眞心誠意地做好主持工作，也會盡我所能努力讓演講別具意義。當我成功完成任務，就能替介紹工作給我的人累積更多信用。

此外，「提供資訊」也對別人有利。傳達資訊時，必須愼重地不透露公司商業機密或個資，但若將自己本行的動向或該業界的特有情事告訴其他行業的人，對方通常會很感興趣。

上班族很了解自己這一行，但對其他職業大多很生疏，若我們把値得一聽的資訊告訴他，對方有時也會提供平常無從聽說的寶貴資訊，雙方就能夠順暢地互通消息。

此外，當我們拿到演唱會或藝文表演的門票時，若把票讓給喜歡聽歌或看表演的人，對方通常會很開心，這對他來說求之不得，一定會很感謝。

如此爲別人謀福利，就能夠拓展人脈，爲自己加分。

≫自己高興，對方也開心。

44

【應用篇】養成從約定時間「倒推」的習慣

「不讓對方多等」是守時的行爲，但對此我們還必須再多費點心。

在約好的時刻準時抵達確實是守時，但我們應該在這一點上更進一步，除了不要遲到之外，還要設想到對方的行動。

我由於職業因素，已經養成提早出門的習慣，無論約好的對象是前輩、晚輩還是朋友，在絕大多數情況下都會提早抵達，由我來等待對方。

等待對我來說並不痛苦。

「好久沒見面了，今天要和他聊什麼呢？」、「這件事必須最先說才行！」、「先前他說的那件事不知道怎麼樣了？」在等待時，我會開心地想著這些事。

我現在比較不那麼忙碌，所以能辦到這些事，但每天都被工作或時間追著跑的人大概沒辦法吧？不過，無論在什麼場合，「不讓別人等」都能讓對方更信賴你。

然而，在商務場合上要考慮對方的情況，所以我不建議大家太早到。

不過，**假如你是第一次拜訪那家公司，或是沒去過的約定地點，最好要稍微提早到，即使只是勘查地點也好**。

有時候，當你實際到達那裡後，才會發現入口很難找或必須繞遠路，所以我建議你早點出發。

若是不小心太早到時，又剛好該地點是複合式大樓，就**先去大樓內的化妝室打理好服裝儀容**，再前往對方公司所在的樓層。如果可以的話，我希望你**在與人見面之前先照照鏡子，確認好自己的狀態**。

最好在約定時間前五分鐘抵達對方的辦公室。

當你被帶到會客室或會議室，接待方奉茶給你時，就差不多到了之前約好的時間。

萬一你在商務場合遲到而必須為此道歉，你就會在一開始讓人留下負面印象，自己也容易手忙腳亂，多少會對心理造成影響，要花一些時間才能冷靜下來。如此一來，原本能順利進行的交涉很可能變得曲折。

此外，你還要考慮到交通工具誤點的情況，盡早出發。

有時候，你可能會和上司事先約好，再一起過去客戶那邊。

此時，千萬不要讓上司等你。

若預先設想上司會提早五分鐘到，你最好是提早十分鐘抵達。

假設對方先行抵達，即使你仍在約定時間前到，還是會讓對方留下「你讓他等」的印象。

當約好見面的對象是上司或長輩時，更要小心這樣的事態發生。

在商務場合上，只要**養成提早十分鐘抵達的習慣**，無論什麼情況都不會讓別人等你。

「不讓對方等你」也是待人的一種貼心。

為了能讓雙方在見面後度過愉快的時光，即使只是稍微早一點點也沒關係，你要不要以「比對方先到」為目標呢？

若能從容地行事，事情將會比你想像中更順利地發展。

≫「不讓對方等」是約見面時的小貼心。

45 當個「守口如瓶」的人

人們都喜歡八卦話題，我也不例外（笑）。

八卦話題有時候是有用的資訊來源，無法全盤地否定，但可惜它大多都是扯人後腿的負面流言。

有些讓人心有同感，有些讓人難以置信，但都傳得好像真有那麼回事。

八卦話題究竟是從哪裡來的呢？不管怎麼想，應該都是相關人士走漏風聲，或是有人從他們口中聽來的吧！無論是演藝圈八卦或左鄰右舍的八卦都是同理。

一想到現況是如此，**我就不想成為洩漏資訊的那個人**。

若是你的朋友或熟人對你說「這件事我只告訴你」或是「我只能找你商量了」，你會怎麼做呢？

你在此刻聽到的內容絕對不能外洩。

你可能會想「這種事不須特別吩咐吧」，但你真的有做到嗎？

舉個例子，假設你聽人家說：「偷偷告訴你，下個月部門要重整人事了！」或是「○○部門的A和○○部門的B好像正在交往耶！」

當你聽到公司人事異動或人際關係的話題時，會不會忍不住想要說出去呢？

我懂你的心情，**但還是應該忍耐**。

若你不小心說漏嘴，聽到的人又會轉頭告訴別人，於是八卦就逐漸擴散出去。

此外，若你總是四處八卦，別人很可能會對你起戒心，認爲一旦把事情告訴你就等同於會被傳出去而有所提防。

相反地，**被認定為「口風緊」的人，反倒能夠得到寶貴的資訊**。

「那個人信得過，必須先告訴他一聲。」

若你能成爲這樣的人，人際關係就會圓滑許多。

當然了，無論是組織、人事或別人的私事，有時候我們還是多少了解一下會比較好，把所有資訊都隔絕在外就會和大家脫節，所以也得適度收集資訊。

不過，**傳進自己耳朵的事絕對不能告訴別人**，我們不可以成為散播八卦的情報站。

口風緊的人在當別人的部下時，上司會經常來找他商量，只要你誠心誠意地聽對方說，並完全不對外透露，就能贏得信賴。

俗話說：「禍從口出。」

切記要當個守口如瓶的人，以免因為大嘴巴而失敗。

>>>口風緊是必備的成熟應對。

46

即使難以拒絕，「輕易答應」還是會惹來麻煩

上司拿了一份資料來，要你明天之前做好，你雖然答應了，但其實手上正忙著製作其他資料，根本不可能在明天之前完成。

於是，你只好熬夜加班，或者在稍後才請上司多給一天時間——你有這種經驗嗎？

「很抱歉，其實我現在正忙著製作會議資料，今天實在空不出時間。如果後天再繳交的話倒是來得及，您急著要嗎？」

爲什麼當下就是說不出這番話呢？

不不不，實際上眞的是很難啓齒對吧！

因此，人總是動不動就輕易答應。

然而，硬是把一件顯然辦不到的事說成辦得到，就只是搬石頭砸自己的腳。而且，要是答應的事卻沒做到，很可能會讓你因此失去信用。

你會這樣做大概有很多種理由，例如不敢對上司說辦不到，或是認爲船到橋頭自然直，但這時你還是老實地說吧！

上司不一定完全了解你的工作狀況。

如果你誠實說出當下的狀況，上司說不定會說後天再繳交也可以，或是給你具體的指示，要你優先製作某一份資料。

此時，你千萬不要客氣，也不要打腫臉充胖子。

要鼓起勇氣，告訴對方你辦不到。

不，**說得精準一點，是要和對方「商量」**。

例如說清楚「期限有多長就能完成」，或是「以某種形式就辦得到」。

要積極地與對方商量，而不是消極地說辦不到。

此外，你還要在這時表現出幹勁。

凡事都會老實商量的人，即使不是工作高手也能博得信賴。

老是隨便答應，但每次都沒做到的人，只會漸漸拉低自己信用。
請記住不要隨便允諾別人，當你隨意接下的小差事因堆積而塞車時，工作進度就會動彈不得，不僅讓你失去信賴，還會形成壓力導致你心神不寧。
花點心思好好傳達，並且把辦得到和辦不到的事情劃分清楚，以免對方誤解。
在婚禮工作上我一向很小心，不任意應允客戶，而且**會把辦得到和辦不到的事情說清楚**。
舉例來說，我們有時候會在婚宴上訪問賓客，所以會事前請新郎和新娘指定幾位受訪來賓。
這時，新人會委託我：「如果時間夠的話，希望也能訪問某位賓客。」
雖然大家都會說「如果時間夠的話」，但這一點比想像中更大意不得。
如果我當場說好，絕大部分情況下，新人會以爲婚宴當天必定會訪問那位貴賓。
但到了當天，要是因爲「時間不夠」而沒能訪問，新人必會相當失望，並且心想：
「怎麼這樣？要是能請他說句話該有多好？」

「時間夠的話」是個非常模稜兩可的說法，很容易造成雙方的誤解。

即使從主持人的立場來看眞的沒有時間了，但新郎和新娘還是難免會想：「難道連兩、三句話的時間都沒有嗎？」

因此，**在事前面談時，我總是會去除所有不確定的因素。**

以這個例子來說，具體的做法是把進度安排好，讓新人指定的所有賓客都能受訪。

如果真的有困難，就當場告知「辦不到」。

絕對不要一時敷衍了事而輕易答應，做到這一點，才能提高別人對你的信賴度。

≫不在雙方心中留下芥蒂。

47
懂得坦率道歉的人很強大

在工作上犯下失誤，或是和家人吵架之後，你能好好向對方說「對不起」嗎？坦誠地反省自己的失敗和錯誤，並且道歉，這聽起來很簡單，但做不到的人還是相當地多，不是嗎？

我自己也有固執的一面，要我在非工作場合道歉其實是很困難的。我會覺得爲什麼我非要道歉不可？如果對方不說那種話，我也就不會那樣回嘴了，想要把錯推給別人，眞的很不ＯＫ吧？（笑）

能夠好好說「對不起」，才會人見人愛。

我認識一位很有男子氣概且直爽的男士，由於他的個性向來有話直說，因此當和大家一起喝酒時，他的發言有時會很顯然地讓聽者感到不快，包括我在內，常令在場的人都為他捏了一把冷汗，擔心會不會引發爭執，但他一定會在此時有點難為情地說：「所以我跟你道歉嘛！」

結果，所有人頓時哄堂大笑，問題在一瞬間就解決了。真要說起來，那位先生是刀子口豆腐心，才能夠得到所有人的高度信賴。

和他相處時，我總能從「對不起」這三個字學到很多。

無論對方是職場上或是私下認識的人，都不要受限於彼此的地位高低，**一旦自己有錯，就要老實承認並開口道歉**。

這說起來雖然很理所當然，可是一旦發生在自己身上卻很難做到。我希望大家都能鼓起勇氣說一句「對不起」。

讓我們一起引以為戒。

》》》一句「對不起」能緩和氣氛。

48 價値觀「人人不同」也無妨

有句話說「見仁見智」，大概沒有其他東西和價値觀一樣人人不同了。

例如金錢觀和工作觀、挑選伴侶或服裝的方式，以及如何度過假日等等，能從什麼事物上發掘價値，人生在世要以什麼爲優先，眞的是見仁見智。

以對名牌精品的看法爲例，雖然我從以前就對名牌沒什麼興趣，但在泡沫經濟時期，每次出國時都會很不自量力地購買名牌，也曾經用得很開心。

然而在年紀增長之後，我不再用品牌來判斷商品優劣，轉而對老練工匠眞心誠意製做、或是質料優良且耐用的商品感興趣，想要培養能夠看出產品本質的好眼光。

此外，當我看到有人把快時尙服飾搭配應用得當，或是將外國的雜牌領巾綁得十分雅緻時，就會覺得是一件很棒的事。不過，對於身穿名牌服飾的人，我完全沒有否定的意思。

若經濟上有餘力，用喜歡的品牌來打扮自己不也是挺好的嗎？

每個人的價值觀不同是理所當然的事，**重點在於不要強迫別人接受自己的價值觀**。

尤其是當我們上了年紀，經年累月習得一定的知識和經驗後，往往會想要把它們強行加諸於人，因爲「我」靠那樣的方法成功了。

但是，我是我，你是你。

不要逼迫別人接受，而是告訴他**「也有這種方法喔」**、**「我是這樣做的，但你的方法也不錯」**，接受不同的價值觀，如此一來，你的世界應該會更遼闊。

該說舊時代眞是美好嗎？在昭和（西元1926年～1989年）時期，買得起高級轎車就代表有一定的身分地位，但目前租車成爲主流形式，每個月支付同樣的租金，就可以持續開同一台車。

如此一來，就不必一次準備大筆金錢，而且還有很多優點，是很合理的觀念。

基於各種新的價值觀，許多服務如雨後春筍般出現，並且在這個時代，就連社會結構都因新冠肺炎疫情的影響而正在改變。

我想要和不受限於自己的價值觀，懂得彈性思考的人來往。

近幾年，這個社會逐漸接受多樣性，但另一方面，社會的分崩離析也成爲問題。不認同異己，將意見不同的人當作敵人是很不成熟的想法。

我希望大家能夠接受彼此擁有不同價值觀，互相尊重，組成一個平衡的成熟社會。我們能做到的第一步，就是即使遇到價值觀相異的人也不予以否定，畢竟只是想法不同而已。

不過我特別注意的一點是，彈性思考和隨波逐流是兩回事，要是缺乏自己的主見和想法，活得渾渾噩噩，恐怕會迷失眞實的自我。因爲能保有自己的主張，不輕易動搖，才有寬大的心胸接納不同價值觀的人。

》》不堅持「自己的價值觀才正確」。

49

主動尋找久未聯絡的老朋友

人家說「人生百年」，我在年過五十之後，更加強烈地覺得自己應該珍惜人生中有緣相遇和重視的對象。

因爲工作滿檔讓我和某些人許久沒有聯絡，有些朋友雖然一直記在心上，卻遲遲聯繫不上。這讓我反省自己因各種忙碌而忽略了該重視的人，希望盡可能讓對方知道自己過得還不錯。

前陣子，我下定決心試著聯絡小學時的好友。

由於對方中途轉學，已經四十年左右互無音訊了。直到我大學時，她母親和家母似乎都還保持聯繫，但我卻不曾直接聯絡她，不過，**她是我心中經常掛念著的好朋友。**

有一次，我偶然和一位同學重逢，那位同學正巧和她還有往來，當我一聽說那位好友曾提起我，我心中頓時充滿**「我要主動找她！一定要聯絡她才行」**的念頭。

於是，我向同學請教了昔日好友的聯絡地址，寫了一封信給她。

後來，我很快就收到回信，她還在信裡附上一張印有手機號碼的名片。

我鼓起勇氣打電話過去，她的嗓音就和小時候給我的印象一樣，沒有改變。

我們兩人都相當興奮，不知道該從什麼話題聊起才好，但我心中湧現一種感覺，**確定當時的幼小心靈把對方當成摯友的想法並沒有錯**。

在那之後，我和她透過簡訊、ＬＩＮＥ保持聯絡，而她捎來的訊息裡，總是充滿了對我和家人的關懷。

相隔四十年重新聯絡上對方，讓我覺得彷彿重拾了一度錯過的珍貴事物，心中充滿感謝和暖意。

另外，和對方保持聯絡的過程中，她的一句話也讓我感受到若無其事的貼心。我一直很想寫信給久未聯絡的國小低年級導師，而正是她的一句話，讓我得以和恩師重拾聯絡。

當我一開始用簡訊和她聯繫上時，我問到：

「對了，妳知道老師的地址嗎？如果不知道，可以儘管問我。」

但其實，**真正想知道老師地址的人是我**。

因爲我覺得，我和對方隔了幾十年才聯絡上，劈頭就問她老師的聯絡方式未免太沒禮貌，所以猶豫再三，想著下次傳訊息時再問好了……。

然而，**她察覺了我的心情，很貼心地主動把老師的地址告訴我**。

即使經過幾十年又分隔兩地，但只要想到對方也抱著相同的感覺，心中就感慨萬千。

多虧了她，我才能寫信給當年的恩師，也很快就接到老師的來電，睽違多年聯絡上他。

只要一提到學校老師，我就會馬上想起這位恩師，我就是這麼仰慕他。當我在專科學校成爲別人的老師之後，也心想自己必須努力成爲一位像恩師那般愛護學生的老師。

日本諺語說「幼年定終身」，而那幾天讓我小時候的記憶一口氣浮現，當時的感覺在長大後依然不變。

此外，我不只感到懷念，還覺得有人了解自己的本質令人甚感安心。

在這個最好待在家中，重新發現家庭價值的時候，或許**是個聯絡故知的好機會**。

假如不知道對方的聯絡方式，就費點心思去搜尋，並且馬上主動聯絡。

「突然聯絡對方會不會很失禮？再說，不知道他還記不記得我？」

你大可不必為此擔心，**既然對方是個讓你想要聯絡的對象，那麼他的心情應該也和你一樣**。

離題一下，最近社會上似乎有著不要踏入別人私領域的風潮，但我們有時候還是需要厚臉皮一些，毫不猶豫地接近珍視的對象。這樣做能夠縮短和對方的距離，建立信賴關係。如果雙方都太客氣，就無法指望關係能更進一步。

就由自己主動聯絡！一個小舉動，卻能得到很大的收穫。

當你有個久未聯絡卻很想念的人時，請你務必要主動聯絡對方，這或許能在忙亂的日常中，為你的心靈帶來滋潤。

》來自故知的聯絡會沁入人心。

50

常保「正面思考」

每個人活在這世上，都有著灰暗或消極的一面。

每天都過得好快樂，沒有一絲煩惱，人生簡直是玫瑰色的，眞是棒極了——如果眞有這樣的人，我還眞想看看，不過就算見到面，我應該也沒辦法和他當好朋友吧！（笑）

我覺得，正因爲人生中有討厭和痛苦的事，我們才能品嘗到喜悅，要是生活中只發生有趣和開心的事，我們就看不出它的價值，人生反而會很索然無味。

所以，我們要保持正面思考！

我說的正面思考，是要在痛苦或不順心的時候，讓自己振奮起來。

我在工作上面臨重大局面時，雖然不會爲了解決問題而振奮到發抖，但會進入備戰狀態。

接著，我會想像自己克服難關的樣子，事先調整好心態。

「我一定要成功，留下實績！」

「這次經驗一定能在今後派上用場！」

說出這些話時會讓我像個野心勃勃的人（笑），但與其說是野心，我心中經常懷抱的是**「想要樂在其中」的念頭**。

舉例來說，當你負責重大專案時，**與其嚴陣以對，不如抱著好好享受過程的態度去面對，這樣子比較能想出好點子，有更大的機率得到好結果。**

再說，你也不必自己一個人承擔。

你大可找上司、前輩和同事商量，在遇到難題時向他們發出求救訊號。

只要實踐本書傳授的「小貼心」，你應該從平時就能建立良好的人際關係。

這樣的人累積了許多好感和信賴，所以會有很多人樂意伸出援手。

人與人就是如此互助合作才能活下去。

如果你相當感謝上司和前輩的幫助，下次就輪到你幫助晚輩。社會不就是這樣運轉的嗎？

消極時，人往往會卑微地想：「爲什麼只有我這樣？爲什麼別人比我幸福？」別氣餒，受苦的人並不是只有你，每個人都是抱著某種煩惱活著。

但是，只要凡事都正面思考，事情自然也會順利進行。

雖然這是老生常談，但我仍如此堅信著。

我從前遇過的每位出衆人士都很正面積極，個性活潑開朗，總是爲了某個目標打拼。對人的關心和顧慮是他們必備的特質，但他們卻也隱約顯露出堅定與強悍。

受歡迎的人並不是為了討人喜歡才採取行動，他們誠心地對待每個人，其眞摯過生活的模樣映照在別人眼中，於是才得到人見人愛的結果。

在各種煩惱和辛勞中，最複雜的就是人際關係。但是，只要改變自己的心態，不用花錢就能夠讓人際關係好轉，而最重要的關鍵就在於「貼心」。

雖然不知道明天會發生什麼事，但我希望大家都能正向積極地前進，珍惜與別人之間的關係，並且過著內心富足的人生。

≫你對別人的好，會回報到你身上。

國家圖書館出版品預行編目資料

貼心待人說話術：晉升人氣王的 50 個祕訣 / 鹿島柴乃布著；
伊之文譯 .-- 初版 . -- 臺中市：晨星 , 2022.01
面；　公分 . --（勁草生活 ; 490）

譯自：さりげない「気のつかい方」がうまい人 50 のルール

ISBN 978-626-320-021-0（平裝）

1. 人際傳播 2. 說話藝術 3. 人際關係

192.32　　110017803

勁草生活 490

貼心待人說話術

晉升人氣王的 50 個祕訣

さりげない「気のつかい方」がうまい人 50 のルール

作者	鹿島柴乃布
譯者	伊之文
責任編輯	王韻絜
助理編輯	姜振陽
校對	姜振陽、伊之文、王韻絜
封面設計	季曉彤
內頁排版	曾麗香
創辦人	陳銘民
發行所	晨星出版有限公司 407 台中市西屯區工業 30 路 1 號 1 樓 TEL：（04）23595820 FAX：（04）23550581 http://star.morningstar.com.tw 行政院新聞局局版台業字第 2500 號
法律顧問	陳思成律師
出版日期	西元 2022 年 1 月 15 日　初版 1 刷 西元 2022 年 5 月 15 日　初版 2 刷
讀者服務專線	TEL：（02）23672044 /（04）23595819#212
讀者傳真專線	FAX：（02）23635741 /（04）23595493
讀者專用信箱	service @morningstar.com.tw
網路書店	http://www.morningstar.com.tw
郵政劃撥	15060393（知己圖書股份有限公司）
印刷	上好印刷股份有限公司

歡迎掃描 QR CODE
填線上回函

定價 350 元

ISBN 978-626-320-021-0